全国高职高专教育精品规划教材

基础会计模拟实验教程

主　编　佟　贺

副主编　马祥山

北京交通大学出版社

·北京·

内 容 简 介

本书通过提供仿真的企业财务资料和日常会计业务，完备的实验操作素材和资料，系统讲述了基础会计模拟实验的基本理论、基本方法和基本操作流程，并为学生进行模拟实验提供了精心的实验操作指导和讲解，通过理论学习和实践操作，能够全面掌握和提高记账、算账和报账的实际动手能力。内容有基础会计模拟实验基本理论、企业内部会计制度与业务流程基本知识、模拟企业基本资料、单项实验和综合实验五个部分。

本书对基础会计实验的安排，采用的是理论指导与动手实践相结合的形式，即在每一个单项实验前设置了"实验操作知识准备"模块，为学生进行实验提供理论知识准备和详尽的操作指导，学习完此模块，学生就能够轻松自如地按要求完成下面的实验设计了。"单项实验"按企业发生的日常业务分模块对学生进行训练，培养学生不同岗位的实践技能。"综合实验"侧重于对学生全面综合会计技能的培养，使学生对企业会计账务处理流程有较为全面的理解和把握，为学生胜任会计工作打下良好的基础。

本书可作为职业技术学院、高等职业学校、高等专科学校和民办高校会计专业及相关专业基础会计课程的配套实验教材，也可作为开设基础会计实验课程的教材使用。

图书在版编目（CIP）数据

基础会计模拟实验教程/佟贺主编 . —北京：北京交通大学出版社，2011.1
（全国高职高专教育精品规划教材）
ISBN 978 – 7 – 5121 – 0430 – 3

Ⅰ . ① 基… 　 Ⅱ . ① 佟… 　 Ⅲ . ①会计学 – 高等学校：技术学校 – 教材 　 Ⅳ . ①F230

中国版本图书馆 CIP 数据核字（2010）第 246875 号

责任编辑：张慧蓉
出版发行：北京交通大学出版社 　 　 　 电话：010 – 51686414
　 　 　 　 北京市海淀区高梁桥斜街 44 号 　 邮编：100044
印 刷 者：北京泽宇印刷有限公司
经 　 销：全国新华书店
开 　 本：185×260 　 印张：9 　 字数：219 千字
版 　 次：2011 年 1 月第 1 版 　 　 2011 年 10 月第 2 次印刷
书 　 号：ISBN 978 – 7 – 5121 – 0430 – 3/F·766
印 　 数：3 001～7 000 册 　 定价：18.00 元

本书如有质量问题，请向北京交通大学出版社质监组反映。对您的意见和批评，我们表示欢迎和感谢。
投诉电话：010 – 51686043，51686008；传真：010 – 62225406；E-mail：press@ bjtu. edu. cn。

全国高职高专教育精品
规划教材丛书编委会

出 版 说 明

高职高专教育是我国高等教育的重要组成部分，其根本任务是培养生产、建设、管理和服务第一线需要的德、智、体、美全面发展的应用型专门人才，所培养的学生在掌握必要的基础理论和专业知识的基础上，应重点掌握从事本专业领域实际工作的基础知识和职业技能，因此与其对应的教材也必须有自己的体系和特点。

为了适应我国高职高专教育发展及其对教育改革和教材建设的需要，在教育部的指导下，我们在全国范围内组织并成立了"全国高职高专教育精品规划教材研究与编审委员会"（以下简称"教材研究与编审委员会"）。"教材研究与编审委员会"的成员所在单位皆为教学改革成效较大、办学实力强、办学特色鲜明的高等专科学校、成人高等学校、高等职业学校及高等院校主办的二级职业技术学院，其中一些学校是国家重点建设的示范性职业技术学院。

为了保证精品规划教材的出版质量，"教材研究与编审委员会"在全国范围内选聘"全国高职高专教育精品规划教材编审委员会"（以下简称"教材编审委员会"）成员和征集教材，并要求"教材编审委员会"成员和规划教材的编著者必须是从事高职高专教学第一线的优秀教师和专家。此外，"教材编审委员会"还组织各专业的专家、教授对所征集的教材进行评选，对所列选教材进行审定。

此次精品规划教材按照教育部制定的"高职高专教育基础课程教学基本要求"而编写。此次规划教材按照突出应用性、针对性和实践性的原则编写，并重组系列课程教材结构，力求反映高职高专课程和教学内容体系改革方向；反映当前教学的新内容，突出基础理论知识的应用和实践技能的培养；在兼顾理论和实践内容的同时，避免"全"而"深"的面面俱到，基础理论以应用为目的，以必需、够用为尺度；尽量体现新知识和新方法，以利于学生综合素质的形成和科学思维方式与创新能力的培养。

此外，为了使规划教材更具广泛性、科学性、先进性和代表性，我们真心希望全国从事高职高专教育的院校能够积极参与到"教材研究与编审委员会"中来，推荐有特色的、有创新的教材。同时，希望将教学实践的意见和建议，及时反馈给我们，以便对出版的教材不断修订、完善，不断提高教材质量，完善教材体系，为社会奉献更多更新的与高职高专教育配套的高质量教材。

此次所有精品规划教材由全国重点大学出版社——北京交通大学出版社出版，适合于各类高等专科学校、成人高等学校、高等职业学校及高等院校主办的二级技术学院使用。

全国高职高专教育精品规划教材研究与编审委员会

2011 年 1 月

总　序

　　历史的车轮已经跨入了公元 2011 年，我国高等教育的规模已经是世界之最，2009 年毛入学率达到 24.2%，属于高等教育大众化教育的阶段。根据教育部 2006 年第 16 号《关于全面提高高等职业教育教学质量的若干意见》等文件精神，高职高专院校要积极构建与生产劳动和社会实践相结合的学习模式，把工学结合作为高等职业教育人才培养模式改革的重要切入点，带动专业调整与建设，引导课程设置、教学内容和教学方法改革。由此，高职高专教学改革进入了一个崭新阶段。

　　新设高职类型的院校是一种新型的专科教育模式，高职高专院校培养的人才应当是应用型、操作型人才，是高级蓝领。新型的教育模式需要我们改变原有的教育模式和教育方法，改变没有相应的专用教材和相应的新型师资力量的现状。

　　为了使高职院校的办学有特色，毕业生有专长，需要建立"以就业为导向"的新型人才培养模式。为了达到这样的目标，我们提出"以就业为导向，要从教材差异化开始"的改革思路，打破高职高专院校使用教材的统一性，根据各高职高专院校专业和生源的差异性，因材施教。从高职高专教学最基本的基础课程，到各个专业的专业课程，着重编写出实用、适用高职高专不同类型人才培养的教材，同时根据院校所在地经济条件的不同和学生兴趣的差异，编写出形式活泼、授课方式灵活、引领社会需求的教材。

　　培养的差异性是高等教育进入大众化教育阶段的客观规律，也是高等教育发展与社会发展相适应的必然结果。也只有使在校学生接受差异性的教育，才能充分调动学生浓厚的学习兴趣，才能保证不同层次的学生掌握不同的技能专长，避免毕业生被用人单位打上"批量产品"的标签。只有高等学校的培养有差异性，其毕业生才能有特色，才会在就业市场具有竞争力，从而使高职高专的就业率大幅度提高。

　　北京交通大学出版社出版的这套高职高专教材，是在教育部"十一五规划教材"所倡导的"创新独特"四字方针下产生的。教材本身融入了很多较新的理念，出现了一批独具匠心的教材，其中，扬州环境资源职业技术学院的李德才教授所编写的《分层数学》，教材立意很新，独具一格，提出以生源的质量决定教授数学课程的层次和级别。还有无锡南洋职业技术学院的杨鑫教授编写的一套《经营学概论》系列教材，将管理学、经济学等不同学科知识融为一体，具有很强的实用性。

　　此套系列教材是由长期工作在第一线、具有丰富教学经验的老师编写的，具有很好的指导作用，达到了我们所提倡的"以就业为导向培养高职高专学生"和因材施教的目标要求。

教育部全国高等学校学生信息咨询与就业指导中心择业指导处处长

中国高等教育学会毕业生就业指导分会秘书长

曹　殊　研究员

前　　言

　　随着会计学专业的发展，实践性教学在提高学生动手能力，实现会计专业培养目标等方面发挥着日益重要的作用。为了做好会计学专业的实践教学，我们组织编写了这本《基础会计模拟实验教程》，为基础会计实践教学提供仿真性高、可操作性强的实验教学载体。本书选用的所有原始凭证及相关会计资料均取自企业会计工作实际，选择的经济业务内容、原始凭证、印鉴印章均具有较高的仿真性，使学生通过对本书所列实验的练习，对企业实际会计业务及处理有深入的了解和认知。

　　本书设置了五章，前三章对基础会计模拟实验的基本理论、企业内部会计制度与业务流程基本知识和模拟企业基本资料进行了介绍，第四章列出了10个单项实验，第五章是综合实验。单项实验部分的"实验操作知识准备"模块为学生完成实验提供了详尽的指导，为学生顺利完成接下来的实验提供了足够充分的知识准备。单项实验部分涵盖了企业日常经常发生的业务事项，可以从不同角度培养和锻炼学生的实际动手能力。综合实验部分以企业一个会计期间发生的全部业务为例来进行练习，让学生从建账开始，通过一系列的账务处理到编制会计报表，完成一个会计循环，使学生对企业账务处理程序和业务流程有较为清晰的认识，从而提高综合实践技能。

　　本书由辽宁广播电视大学佟贺担任主编，盘锦职业技术学院马祥山担任副主编。具体分工：佟贺负责第四章和第五章的编写，马祥山负责第一章、第二章和第三章的编写。

　　本书可供各高职高专财经类专业作为教材使用，也可供从事会计工作的人员作为参考书使用。

　　由于编者水平有限，书中难免存在错误和不妥之处，我们恳请读者和使用本书的广大师生提出宝贵的意见和建议，以便及时更正和改进。

编　者

2010 年 10 月

目　　录

基础会计模拟实验是会计教学体系中一门实践操作课程，是高等专科学校会计专业学生学习的一个重要组成部分。它把企业实际工作中发生的经济业务及处理的票、单、证、账、表等过程导入课堂，通过模拟实训，不仅可以进一步巩固所学习的会计基本理论知识，而且可以了解会计核算基本原理与方法在会计实务中的具体运用，切身体会会计实际的工作氛围和工作流程，培养动手操作能力，形成和锻炼职业判断能力，为缩小会计专业在校学生与实际会计岗位的距离和成为高级应用型会计人才奠定基础。

第一章　基础会计模拟实验基本理论

一、基础会计模拟实验的含义和特点

（一）基础会计模拟实验的含义

在会计学科的教学过程中，为了直观明了地传授各种会计知识和会计操作技能，最有效的途径就是运用会计模拟实验，即通过开设会计实验课，使学习者做到理论与实践紧密结合，以达到事半功倍的效果。从"模拟实验"的字面理解来看，模拟即效仿。会计模拟实验就是根据会计核算的基本原理，以单、证、账、表的形式将企业会计核算的内容形象地复制出来。学生在教师的指导下，扮演会计的角色，利用仿真的会计资料，即会计凭证、会计账簿、会计报表等，按照会计工作的规范要求，依据会计核算的程序，运用会计方法，从事会计实务操作工作，以达到全面、系统地掌握会计核算的基本方法和基本技能的目的。

模拟实验是一种教学设计，是会计学科教学中运用的一种直观性方法。在长期的会计实践工作中，广大会计工作者对填制会计凭证、登记会计账簿和编制会计报表等一系列会计实务工作进行了有益的探索，总结出了一整套科学的操作规程。通过会计实验课，可以很好地学习这些规程。

基础会计模拟实验以《企业会计准则》和《会计基础工作规范》为依据，以企业经济活动为线索，设计了 10 个单项实验和一个综合实验，模拟从原始凭证的填制、审核，记账凭证的填制、审核，日记账、总账和各种明细账的登记，错账更正到资产负债表和利润表的编制等完整的会计循环流程，使学生通过实验的操作掌握会计核算基本技能。

（二）基础会计模拟实验的特点

1. 直观性

基础会计模拟实验教学是以单、证、账、表的形式，真实地将企业会计资料形象地复制出来，可以清楚地了解会计核算的基本方法和会计资料的处理过程。各种会计实务资料都是高仿真的，是财政部门或税务部门统一要求的，所反映的内容一目了然、直观易懂。

2. 趣味性

基础会计模拟实验教学是以各种原始凭证来说明经济业务内容的，学生根据所提供的原始资料，编制记账凭证并登记会计账簿，然后据以编制会计报表。借助于这一系列的操作活动，学生会因有"身临其境"的感觉而进入"角色"，从而去专心致志地学习和领会，避免了枯燥乏味的厌学心理，增强了学习兴趣，提高了学习的积极性。这与传统会计教学中所做的习题有着显著的区别。

3. 系统性

基础会计模拟实验教学中，以一个企业的经济业务为主线，有机地贯穿单项实验和综合实验，由浅入深，由局部到整体，遵循循序渐进的教学规律。学生从审核原始凭证开始，运用复式记账方法编制记账凭证，依据会计凭证进行记账、结账和对账，最后编制会计报表，就可以对企业会计核算的全部过程有一个比较清晰、完整、系统的认识。

（三）基础会计模拟实验的目的

通过会计实际业务的处理，使学生初步掌握各种会计核算方法及程序操作的基本技能。具体应掌握：建账的方法；填制与审核原始凭证、填制与审核记账凭证、编制科目汇总表的方法与程序；登记现金日记账、银行存款日记账以及登记各种明细分类账和总分类账的方法与程序；成本核算的程序及方法。此外，还应掌握结账、对账、更正错误、编制资产负债表与利润表的基本技能。通过实验，对学生所学专业知识进行综合检验，并达到以下三个目的。

（1）提高理论联系实际的能力。通过实践操作，加深理解、掌握、巩固所学基础会计理论知识，了解会计业务，熟悉会计核算方法。

（2）加强基本技能训练，培养实际动手能力，增强思维能力，提高分析水平。

（3）体验会计工作，陶冶职业道德情操。通过会计实验，使每个实验者进入会计角色，行使会计人员的权力，履行会计职责。

二、基础会计模拟实验的基本要求

1. 学习和掌握会计基本技能

根据会计实验教材及有关资料进行会计实验，要学习与掌握会计基本技能。会计实验要按照实际会计工作的要求，如同在职会计人员一样，依据《企业会计准则》和《会计基础工作规范》的有关规定进行操作。通过实验，学生应该学习和掌握会计核算的以下几种基本技能。

（1）经济业务的处理过程。在实际工作中，发生每一笔经济业务，都具有一定的时间、地点、条件、事项（经济业务、金额或数量、单价、金额）、经办人等内容。在会计实验操作过程中应熟悉各种经济业务会计处理的基本过程（程序和手续），按照规定的操作程序，处理每一笔经济业务。

（2）依法设计会计账簿。各单位应当按照国家统一会计制度的规定和会计业务的需要设置会计账簿。会计账簿包括总账、明细账、日记账和其他辅助性账簿。

（3）对账工作。各单位应当定期对会计账簿记录的有关数字与库存实物、货币资金、有价证券、往来单位或者个人等进行相互核对，保证账证相符、账账相符、账实相符。对账工作每年至少进行一次，各单位应当按照规定定期结账。

（4）会计核算程序。企业每一笔经济业务发生后，都要填制和审核原始凭证，编制和审核记账凭证，根据会计凭证登记现金日记账、银行存款日记账、明细账和总账。在会计实验操作过程中应按照会计核算的基本程序，进行成本核算和利润核算，根据会计账簿资料编制会计报表。

（5）会计核算的基本方法。在会计实验操作过程中，通过对会计核算业务的操作，对每笔经济业务的会计处理，对成本和利润的核算，从而学习相关的会计核算的基本方法。

（6）与会计核算相关的其他知识。在会计实验操作过程中，通过对每笔经济业务的会计处理，可以学习相关的其他知识，如银行、保险、财政、税收、统计、审计、外贸等方面的知识。

（7）会计人员应具有的工作作风。在会计实验操作过程中，按照在实际工作中对会计人员的要求进行操作，从中学习会计人员应具有的工作作风。这种工作作风包括坚持原则、客观公正、精打细算、认真负责、刻苦钻研；任劳任怨、团结互助、开拓进取。

2. 学习和掌握会计基本理论与方法

在学校开设会计实验课是与学习会计主课程相适应的，在学习《基础会计》（《会计原理》）之后，开设相应的《基础会计模拟实验》。在会计实验过程中，以所学的会计基本理论与方法为指导，对实验的内容进行操作。一方面用实际操作的内容和现行会计制度与相关法规的规定，与所学的会计理论与方法相对照，进一步加深对其理解，巩固所学知识并充实新的知识和学习新的内容；另一方面，检验所学的会计理论与会计方法是否相联系及其联系的程度，对存在的会计理论、方法与实验内容的差异，需要分析其原因，进行相应的研究，并从学术上进行探讨，弄清为什么，应该是什么，以便提高认识，更深层次地掌握所学的会计理论与方法。

3. 学习会计法规与相关法规

会计实验要求按实际工作依据——现行会计法规和相关规定进行实际操作，因而，在会计实验操作过程中，对操作内容的会计处理，要依据相关的会计法律、会计行政法规、会计地方行政法规和会计规章，以及相关的其他法规，通过会计实验操作学习与会计核算相关的法规。在实验过程中需要学习的会计法规有：会计法律（由全国人民代表大会和全国人民代表大会常务委员会制定）——《中华人民共和国会计法》；会计行政法规（由国务院根据宪法和法律制定）——《企业财务会计报告条例》；会计规章（由国务院各主管部门和省、自治区、直辖市人民政府制定）——《企业会计准则》等。在会计法规体系中还包括其他法律条义中有关的会计法规，如《中华人民共和国商业银行法》、《中华人民共和国票据法》、《银行结算办法》、《商业汇票办法》、《现金管理暂行条例》、《中华人民共和国增值税暂行条例》、《中华人民共和国营业税暂行条例》和《中华人民共和国企业所得税暂行条例》等。

4. 学习和培养独立会计工作能力

会计实验一般模拟企业财务科（处或部）设置若干组和会计岗位进行操作实验。在财务机构设置的岗位有多有少，如设置科长、副科长、现金出纳岗、银行出纳岗（或出纳岗）、审核岗、成本核算岗、费用核算岗、工资核算岗、材料核算岗、资产及在建工程岗、应收应付款项岗、其他应收应付款项岗（或往来款项岗）、产成品核算岗、税金核算岗、销售核算岗、预算控制岗、收款结算岗、财务分析岗、总账岗、报表岗（或总账报表岗）、资产管理岗、固定资产岗、计算机管理岗、文档管理岗等22种岗位（科长、副科长不计入岗位），也可简并为较少的岗位，工作性质相近的岗位设置若干组。在基础会计模拟实验不设置岗位实验的情况下，在单项实验和综合实验的操作过程中，可以将实验的内容模拟某种岗位并按其要求进行实验。按照财务部门、组和岗位进行实验操作，并做好每个岗位工作，可以培养学生的独立工作能力；在每个岗位处理好与其他工作岗位的关系，与上下相关岗位相沟通，促进相互协调工作，从而培养学生的合作与沟通能力，进而实验做好财务部门的整体工作，协调各个组和各个岗位的工作，完成全面的实验任务，从而模拟完成一个企业的全部财务会计工作，这样也可以培养学生的全面组织工作能力。此外，通过会计实验可以培养学生在不同方面的独立工作能力。

三、基础会计模拟实验的内容及安排

基础会计模拟实验的内容与安排如表1－1所示。

表1－1　基础会计模拟实验内容及安排

序　号	实验项目	所需学时	实验要求
一	企业内部会计制度与业务流程基本知识	1	理解、掌握理论知识
二	模拟企业基本资料	1	熟悉，为单项实验作准备
三	单项实验		
	实验一　会计汉字及数字规范书写	1	掌握规范　练习书写
	实验二　原始凭证的填制与审核	1	掌握规范　动手练习
	实验三　建立账簿和期初余额登记	1	掌握规范　动手练习
	实验四　记账凭证的填制与审核	2	掌握规范　动手练习
	实验五　账簿的登记	4	掌握规范　动手练习
	实验六　错账更正	1	掌握规范　动手练习
	实验七　对账和结账	2	掌握规范　动手练习
	实验八　银行存款余额调节表的填制	2	掌握规范　动手练习
	实验九　会计报表实验	2	掌握规范　动手练习
	实验十　会计档案整理与保管	2	掌握规范　动手练习
四	综合实验	16	动手练习
	合计	36	

四、基础会计模拟实验的考核方式

1. 考核方法

要求学生严格遵守实验纪律，严格遵守作息时间，不迟到、不早退，对实验期间违反实验纪律者，视其情况予以严肃处理。学生应在实验期间完成实训计划的全部内容，实验结束时，要写出实验报告，总结实验过程的收获和经验，并上交手工完成的会计凭证、会计账簿及会计报表等。

2. 成绩评定

结合学生实验期间的考勤情况，态度表现，作业及实验报告的质量，指导教师的评语等进行综合评定，实验成绩按优秀、良好、中等、及格和不及格五个等级计分。考核内容如下：

（1）会计凭证、会计账簿、会计报表的操作是否符合要求；

（2）会计科目使用是否正确；

（3）会计数据计算是否准确；

（4）会计凭证、会计账簿的填制与登记，摘要填写是否工整、清楚、正确；

（5）实验报告语句是否通顺。

五、基础会计模拟实验的实验环境及资料要求

基础会计模拟实验应在仿真的会计模拟实验室中进行，实验室应仿照真实会计工作所需的各种硬件设施来布置，包括桌、椅、仿真的原始凭证、真实的记账凭证、账簿和会计报表，科目章，装订用账绳，封皮等等。要为学生营造一个比较真实的仿真会计工作环境，让学生有身临会计工作现场的感觉。模拟实验所需资料如表1-2所示。

表1-2　模拟实验所需资料

序　　号	实验项目	所需凭证及账簿资料
一	基础会计模拟实验基本理论	不需要
二	企业内部会计制度与业务流程基本知识	不需要
三	模拟企业基本资料	不需要
四	单项实验	
	实验一　会计汉字及数字规范书写	
	实验二　原始凭证的填制与审核	见教材
	实验三　建立账簿和期初余额登记	总账账页22张，三栏式明细账账页19张，数量金额式明细账账页4张，生产成本明细账账页2张，现金日记账账页1张，银行存款日记账账页1张
	实验四　记账凭证的填制与审核	收款凭证5张，付款凭证12张，转账凭证15张
	实验五　账簿的登记	总账账页8张，三栏式明细账账页6张，数量金额式明细账账页1张，多栏式明细账：应交税费（应交增值税）明细账页1张，管理费用明细账页1张，财务费用明细账页1张，销售费用明细账页1张，本年利润明细账账页1张
	实验六　错账更正	收款凭证1张，付款凭证2张
	实验七　对账和结账	
	实验八　银行存款余额调节表的填制	
	实验九　会计报表实验	资产负债表1张、利润表1张

序　号	实验项目	所需凭证及账簿资料
	实验十　会计档案整理与保管	
五	综合实验	收款凭证 10 张、付款凭证 19 张、转账凭证 21 张。总账账页 38 张，三栏式明细账账页 31 张，数量金额式明细账账页 6 张。多栏明细账：应交税费（应交增值税）明细账账页 1 张，生产成本明细账账页 2 张，制造费用明细账账页 1 张，管理费用明细账账页 1 张，销售费用明细账账页 1 张，财务费用明细账账页 1 张，本年利润明细账账页 1 张，利润分配明细账账页 1 张
	合计	

第二章 企业内部会计制度与业务流程基本知识

一、企业内部会计管理制度

企业内部会计管理制度是指各单位根据国家会计法律、法规、规章和制度的规定，结合本单位经营管理和业务管理的特点及要求而制定的旨在规范单位内部会计管理活动的制度、措施和办法。

各单位内部会计管理应建立哪些制度，各项制度应包括哪些内容，并无统一规定和要求。不同地区、不同部门和不同行业的会计单位可根据自身会计核算和业务管理的需要，根据自身内部控制系统的状况以及查错防弊的设计，作出不同的选择。根据《会计基础工作规范》的规定以及我国会计核算和管理的实践经验，内部会计管理制度主要包括以下内容。

1. 内部会计管理体系

内部会计管理体系主要是指一个单位的会计工作组织体系。其主要内容如下：

（1）明确单位领导人对会计工作的领导职责；

（2）明确总会计师对会计工作的领导职责；

（3）决定会计机构的设置，明确会计机构以及会计机构负责人（或主要会计人员）的职责；

（4）明确会计机构与其他职能机构的分工与关系；

（5）确定单位内部的会计核算组织形式。

2. 会计人员岗位责任制度

会计人员岗位责任制度是指单位内部会计人员管理的一项重要制度。主要内容包括：会计人员工作岗位的设置，以及各个会计工作岗位的职责和工作标准；各会计工作岗位的人员和具体分工；对会计工作岗位的考核办法等。

3. 账务处理程序制度

账务处理程序制度是指对会计凭证、会计账簿、会计报表等会计资料进行核算流程和基本方法的规定，主要内容包括：根据国家统一会计制度的规定，确定单位会计科目和明细科目的设置和使用范围；根据规定和单位会计核算的要求，确定本单位的会计凭证格式、填制要求、审核内容、传递程序和保管要求等；根据规定和单位核算的要求，确定本单位总账、明细账、现金日记账、银行存款日记账、各种辅助账等的设置、格式、登记、对账、结算和改错要求；根据国家统一会计制度的要求，确定对外财务报表的种类和编制要求，同时根据单位内部管理需要确定单位内部会计指标和考核指标。

4. 内部牵制制度

内部牵制制度是内部控制制度的重要内容之一。其主要内容包括：内部牵制制度的原则、职务分离、钱账分离、物账分离等；对出纳等岗位的职责和限制性规定；有关部门或领导对限制性岗位的定期检查办法。

5. 稽核制度

稽核制度是指在会计机构内部指定专人对有关会计凭证、会计账簿进行审核与复查的一种制度，该制度的建立应当结合会计人员岗位责任制度一并进行考虑。主要内容包括：稽核工作的组织形式和具体分工；稽核工作职责、权限；稽核工作的程序和基本方法；稽核结果的处理和使用等。

6. 原始记录管理制度

原始记录管理制度是指对原始凭证的开具、接收、传递、使用、保管等进行规范管理的制度，旨在保证会计核算基础环节的有序、正常和高效。主要内容包括：原始凭证的格式、内容和填写方法；原始凭证的填制、签署、传递、汇集和反馈要求；原始凭证的审核要求；有关人员对原始凭证记录管理的责任等。

7. 定额管理制度

定额管理制度是指确定定额制定依据、制定程序、考核方法、奖惩措施等的一种制度。主要内容包括：定额管理范围，如工时定额、物资消耗定额、成本费用定额、人员定额、用工定额等；制定和修订定额的依据、方法、程序；明确定额的执行、考核、奖惩的具体办法等。

8. 计量验收制度

计量验收制度是财务会计管理工作的基础，主要内容包括：计量检测手段和方法；计量验收管理的要求；计量验收人员的责任和奖惩办法等。

9. 财产清查制度

财产清查制度是指定期对财产物资进行清点、盘查，以保证账实相符的一种制度，它是保证会计核算正常进行和会计核算质量的重要措施。主要内容包括：财产清查的范围；财产清查的组织领导；财产清查的限期和程序、方法及要求；财产清查中发现问题的处理程序、报批手续；对财产管理人员的奖惩制度等。

10. 财务收支审批制度

财务收支审批制度是指确认财务收支审批范围、审批人员、审批权限、审批程序及其责任的制度。主要内容包括：确定财务收支审批人员和审批权限；确定财务收支审批程序；明确对财务收支审批中违反规定的责任人和领导人的处理要求。

11. 成本核算制度

成本核算制度主要是适用于企业单位的成本计算、归集、分配的规则。主要内容包括：成本核算方法和程序的确定；有关成本基础制度的确定；成本考核和成本分析等。

12. 财务会计分析制度

财务会计分析制度是指定期检查财务会计指标的完成情况，分析存在的问题和原因，提出相应改进措施，促使领导加强管理，提高经营效益的制度。主要内容包括：财务会计分析的时间、召集形式、参加的部门和人员；财务会计分析的内容和分析方法；财务会计分析报告的编写要求等。

二、企业内部会计控制制度

内部控制是指一个单位的各级管理层为了保护其经济资源的安全、完整，确保经济和会计信息的正确、可靠，协调经济行为，控制经济活动，利用单位内部分工而产生的相互制约、相互联系的关系，形成一系列具有控制职能的方法、措施、程序，并予以规范化和系统化，使之成为一个严密的、较为完整的体系。

内部控制按其控制的目的不同，可分为会计控制和管理控制。会计控制是指与保护财产物资的安全性、会计信息的真实性和完整性以及财务活动合法性有关的控制；管理控制是指与保证经营方针、决策的贯彻执行，促进经营活动的经济性、效率性、效果性以及经营目标的实现有关的控制。会计控制与管理控制并不是相互排斥、互不相容的，有些控制措施既可以用于会计控制，也可以用于管理控制。

（一）企业内部控制目标

内部控制的基本目标是确保单位经营活动的效率性和效果性、资产的安全性、经营信息和财务报告的可靠性。

1. 有助于管理层实现其经营方针和目标

内部控制由若干具体政策、制度和程序所组成，它们首先是为了实现管理层的经营方针和目标而设计的。内部控制可以说渗透于一个单位经营活动的各个方面，只要单位内存在经营活动和经营管理的环节，就需要有相应的内部控制。

2. 保护单位各项资产的安全和完整，防止资产流失

保护资产一般是指对本单位的现金、银行存款、其他货币资金、股票及债券等有价证券、商品、产品以及其他重要实物资产的安全和完整进行保护。

3. 保证业务经营信息和财务会计资料的真实性、完整性

对一个单位的管理层来说，要实现其经营方针和目标，需要通过各种形式的报告及时地占有准确的资料和信息，以便作出正确的判断和决策。

（二）企业内部控制内容

一个单位要实行内部控制，重点应当在组织结构及职责分工、授权批准、会计记录、资产保护、职工素质、预算、风险和编制业绩报告等重要环节实施控制。总的说来，主要包括以下几个方面。

1. 组织结构与职责分工控制

实行和完善内部控制，首先要从本单位的组织结构开始，主要包括：确定单位的组织形式，明确相关的管理职能和报告关系，以及为每个组织单位内部划分责任权限。根据内部控制的要求，单位在确定和完善组织结构的过程中，应当遵循不相容职务相分离的原则。所谓不相容职务，是指那些如果由一个人或一个部门担任，既可能弄虚作假，又可能自己掩盖其舞弊行为的职务。单位的经济活动通常可以划分五个步骤，即授权、签发、核准、执行和记录。一般情况下，如果上述每一步骤均由相对独立的人员或部门实施，就能够保证不相容职务的分离，便于内部控制作用的发挥。

2. 授权批准控制

授权批准是指单位在处理经济业务的过程中必须经授权批准以便进行控制。企业每一层的管理人员既是上级管理人员的授权客体，又是对下级管理人员授权的主体。

授权标准的形式通常有一般授权和特别授权之分。一般授权是指对办理常规性的经济业务时的权力、条件和有关责任者作出的规定，这些规定在管理部门中采用文件形式或在经济业务中规定一般性交易办理的条件、范围和对该项交易的责任关系。在日常业务处理中可以按照规定的权限范围和有关职责自行办理。特别授权是指授权处理非常规性业务，比如重大筹资行为、投资决策、股票发行等。

内部控制要求明确一般授权和特别授权的责任和权限，以及每笔经济业务的授权批准程序。

3. 会计记录控制

会计记录控制的要求是保证会计信息反映及时、完整、准确、合法。一个单位的会计机构实行会计记录控制，要建立会计人员岗位责任制，对会计人员进行科学的分工，使之形成相互分离和相互制约的关系。经济业务一经发生，就应对记载经济业务的所有凭证进行连续编号，通过复式记账在两个或两个以上相关账户中进行登记，以防止经济业务的遗漏、重复，揭示某些弊端问题。

4. 资产保护控制

资产保护控制主要包括接近控制和盘点控制。广义上说，资产保护控制可以包括对实物资产的采购、保管、发货及销售等各个环节进行控制。

接近控制主要是指严格控制无关人员对资产的接触，只有经过授权批准的人员才能够接触资产。一般情况下，现金、银行存款、其他货币资金、有价证券和存货等变现能力较强的资产必须限制无关人员直接接触，间接接触可通过保管、批准、记录及不相容职务的分离和授权批准控制来达到。

盘点控制是指对实物资产进行盘点并将盘点结果与会计记录进行比较，盘点结果与会计记录如不一致，可能说明资产管理上出现错误、浪费、损失或其他不正常现象。

5. 职工素质控制

职工素质控制包括企业在招聘、使用、培养、奖惩等方面对职工素质进行控制。招聘是保证单位的职工应有素质的重要环节。单位的人事部门和用人部门应共同对应聘人员的素质、水平、能力等有关情况进行全面的测试、调查、试用，以确保受聘人员能够适应工作要求。

如果管理层重视对单位内职工的投资、管理和使用，合理配置单位内的人力资源，职工所创造的价值必然会增加；反之，就会造成人力资源价值的不充分发挥，甚至造成损失和浪费。

6. 预算控制

预算控制是内部控制的一个重要方面。经过批准的预算就是单位的法令，单位内部的各部门都必须严格履行，完不成预算，将要受到处罚。预算控制也是一个系统，该系统的组织由预算编制、预算执行、预算考核等构成。预算控制的内容可以涵盖单位经营活动的全过程，包括筹资、融资、采购、生产、销售、投资、管理等诸多方面，也可以就某些方面实行预算控制。

预算的执行层由各预算单位组织实施，并辅之以对等的权、责、利关系，由内部审计部门负责监督预算的执行，通过预算的编制和实施，检查预算的执行情况，比较分析单位内各部门未完成预算的原因，并对未完成预算的不良后果采取改进措施。

7. 风险控制

企业所面临的风险按形成的原因一般可分为经营风险和财务风险两大类。

经营风险是指因生产经营方面的原因给企业盈利带来的不确定性。比如，由于原材料供应地的政治和经济情况变化等带来的供应方面的风险；新产品、新技术开发试验不成功，生产组织不合理等因素带来的生产方面的风险；销售决策失误等带来的销售方面的风险，此外还有劳动力市场供求关系变化、自然环境变化、税收调整以及其他宏观经济政策的变化等方面的因素，也会直接或间接地影响企业正常经营活动。经营风险多数情况下来源于企业外部，尽管如此，企业仍应采取有效的内控措施加以防范。

财务风险又称筹资风险，是指由于举债而给企业财务成果带来的不确定性。对财务风险的控制，关键是要保证有一个合理的资本结构，维持适当的负债水平，既要充分利用举债经营这一手段获取财务杠杆的收益，提高自有资金盈利能力，同时也要注意防止过度举债而引起的财务风险的加大，避免陷入财务困境。

8. 编制业绩报告控制

业绩报告也称责任报告，是单位内部各级管理层掌握信息、加强内部控制的报告性文件，也是内部控制的重要组成部分。业绩报告是为单位内部控制服务的，属于管理会计的范畴，因此，编制业绩报告必须与单位内部的组织结构和其他控制方式相结合，明确反映各级管理层负责人的责任。业绩报告可以有日报、周报、月报、季报、年报等，并通过文件的形式予以规定。

三、会计机构工作岗位设置及相关职责

会计人员的工作岗位一般可分为：会计主管；出纳；资金管理；预算管理；固定资产核算；存货核算；成本核算；工资核算；往来结算；收入利润核算；税务会计；总账报表；稽核；会计电算化管理；档案管理等。

以上岗位可以一人一岗、一人多岗或一岗多人，各单位可以根据本单位的会计业务量和会计人员配备的实际情况具体确定。需要注意的是，为贯彻内部会计控制中的"账、钱、物分管"的原则，出纳人员不得兼管稽核、会计档案保管及收入、费用、债权债务账目的登记工作。对于企业的会计人员，应有计划地进行岗位轮换，以便会计人员能够比较全面地了解和熟悉各项会计工作，提高业务水平。会计人员调动工作或因故离职离岗，要将其经管的会计账目、款项和未了事项向接管人员移交清楚，并由其上级主管人员负责监交。

1. 会计主管岗位职责

（1）按照会计制度及有关规定，结合本单位的具体情况，主持起草本单位具体会计制度及实施办法，科学地组织会计工作，并领导、督促会计人员贯彻执行。

（2）参与经营决策，主持制定和考核财务预算。

（3）经常研究工作，总结经验，不断改进和完善会计工作。

（4）组织本单位会计人员学习业务知识，提高会计人员的素质，考核会计人员的能力，合理调配会计人员的工作。

2. 出纳岗位职责

（1）办理现金收付和银行结算业务。

（2）登记现金日记账和银行存款日记账。

（3）登记其他货币资金明细账。

（4）保管库存现金。

（5）保管预留银行印鉴章中的公司财务章。

（6）保管空白支票和空白发票、收据，负责填制支票、发票使用登记表。

3. 资金管理岗位职责

（1）反映资金预算的执行及控制状况。

（2）筹措及调度资金。

（3）办理借贷款事项及其清偿。

（4）办理投资业务。

（5）记录、保管各种有价证券。

（6）与财务调度有关的其他事项。

4. 预算管理岗位职责

（1）编制各期资金预算。

（2）编制及考核生产预算。

（3）编制及控制成本费用预算。

（4）编制及分析销售预算。

（5）编制及执行资本预算。

（6）处理其他与预算有关事项。

5. 固定资产核算岗位职责

（1）会同有关部门拟定固定资产管理与核算实施办法。

（2）参与核定固定资产需用量，参与编制固定资产更新改造和大修理计划。

（3）计算提取固定资产折旧、预提修理费用。

（4）参与固定资产的清查盘点与报废。

（5）分析固定资产的使用效果。

6. 存货核算岗位职责

（1）会同有关部门拟定材料物资管理与核算实施办法。

（2）审查采购计划，控制采购成本，防止盲目采购。

（3）负责存货明细核算。对已验收入库尚未付款的材料，月终要估价入账。

（4）配合有关部门制定材料消耗定额，编制材料计划成本目录。

（5）参与库存盘点，处理清查账务。

（6）分析储备情况，防止呆滞积压。对于超过正常储备和长期呆滞积压的存货，要分析原因，提出处理意见和建议，督促有关部门处理。

7. 成本核算岗位职责

（1）核对各项原材料、物品、产成品、在产品入库领用事项及收付金额。

（2）编制材料领用转账凭证。

（3）审核委托及受托外单位加工事项。

（4）计算生产与销售成本及各项费用。

（5）进行成本、费用的分配及账目之间调整。

（6）分析比较销售成本，做好成本日常控制。

（7）进行内部成本核算及业绩考核。

（8）编制公司有关成本报表。

（9）其他与成本核算、分析、控制有关的事项。

8. 工资核算岗位职责

（1）审核有关工资的原始单据，办理代扣款项（包括计算个人所得税、住房公积金、劳保基金、失业保险金等）。

（2）按照人事部门提供的工资分配表，填制记账凭证。

（3）协助出纳人员发放工资。工资发放完毕后，要及时将工资和奖金计算明细表附在记账凭证后或单独装订成册，并注明记账凭证编号，妥善保管。

（4）计提应付福利费和工会经费，并进行账务处理。

9. 往来结算岗位职责

（1）执行往来结算清算办法，防止坏账损失。对购销业务以外的暂收、暂付、应收、应付、备用金等债权债务及往来款项，要严格清算手续，加强管理，及时清算。

（2）办理往来款项的结算业务。对购销业务以外的各种应收、暂付款项，要及时催收结算；应付、暂收款项，要抓紧清偿。对确实无法收回的应收账款和无法支付的应付账款，应查明原因，按照规定报经批准后处理。实行备用金制度的公司要核定备用金定额，及时办理领用和报销手续，加强管理。对预借的差旅费，要督促及时办理报销手续，收回余额，不得拖欠，不准挪用。

（3）负责往来结算的明细核算。对购销业务以外的各项往来款项，要按照单位和个人分户设置明细账，根据审核后的记账凭证逐笔登记，并经常核对余额。年终要抄列清单，并向领导或有关部门报告。

10. 收入利润核算岗位职责

（1）负责销售核算，核实销售往来。根据销货发票等有关凭证，正确计算销售收入以及劳务等其他各项收入，按照国家有关规定计算应交税费。经常核对库存商品的账面余额和实际库存数，核对销货往来明细账，做到账实相符、账账相符。

（2）计算与分析利润计划的完成情况，督促实现目标。

（3）建立投资台账，按期计算收益。

（4）结转收入、成本与费用，严格审查营业外支出，正确核算利润。对公司所得税有影响的项目，应注意调整应纳税所得额。

（5）按规定计算利润，进行利润分配，计算应交所得税。

（6）结账时的调整业务处理。

11. 税务会计岗位职责

（1）办理公司税务上的缴纳、查对、复核等事项。

（2）办理有关的免税申请及退税冲账等事项。

（3）办理税务登记及变更等有关事项。

（4）编制有关的税务报表及相关分析报告。

（5）办理其他与税务有关的事项。

12. 总账报表岗位职责

（1）负责保管总账和明细账，年底按会计档案的要求整理与装订总账及明细账。

（2）编制会计报表并进行分析，写出综合分析报告。

（3）其他与账务处理有关的事项。

13. 稽核岗位职责

（1）审查财务收支。根据财务收支计划和财务会计制度，逐笔审核各项收支，对计划外或不符合规定的收支，应提出意见，并向领导汇报，采取措施，进行处理。

（2）复核各种记账凭证。复核凭证是否合法，内容是否真实，手续是否完备，数字是否正确，记账分录是否符合制度规定。

（3）对账簿记录进行抽查，看其是否符合要求，并将计算机中的数据与会计凭证进行核对。

（4）复核各种会计报表是否符合制度规定的编制要求。复核中如发现问题和差错，应通知有关人员查明、更正和处理。稽核人员要对审核签署的凭证、账簿和报表负责。

14. 会计电算化管理岗位职责

（1）负责协调计算机及会计软件系统的运行工作。

（2）掌握计算机的性能和财务软件的特点，负责财务软件的升级与开发。

（3）对计算机的文件进行日常整理，对财务数据盘进行备份，妥善保管。

（4）监督计算机及会计软件系统的运行，防止利用计算机进行舞弊。

（5）经常进行查杀病毒工作，保证计算机的正常使用。

15. 档案管理岗位职责

档案管理岗位的职责是依据《会计档案管理办法》的规定，建立会计档案的立卷、归档、保管、查阅和销毁等管理制度，保证会计档案妥善保管、有序存放、方便查阅并严防毁损、散失和泄密。

四、企业主要业务凭证传递流程及账务处理

（一）主要结算业务凭证传递流程

1. 支票传递流程

支票传递流程如图 2-1 所示。

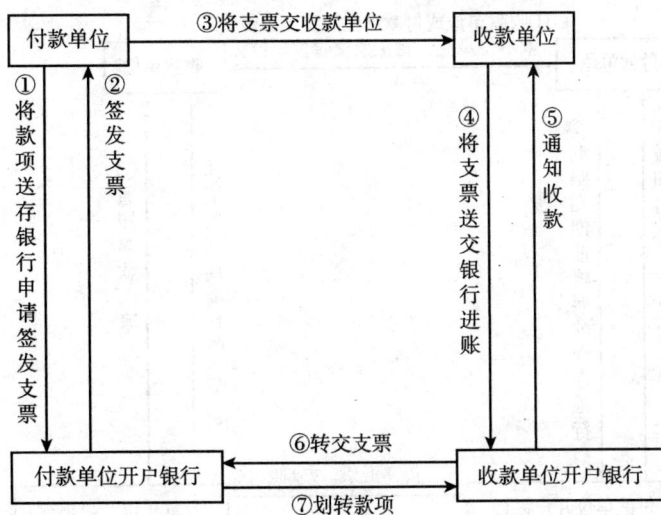

图 2-1　支票传递流程

2. 银行汇票传递流程

银行汇票传递流程如图 2-2 所示。

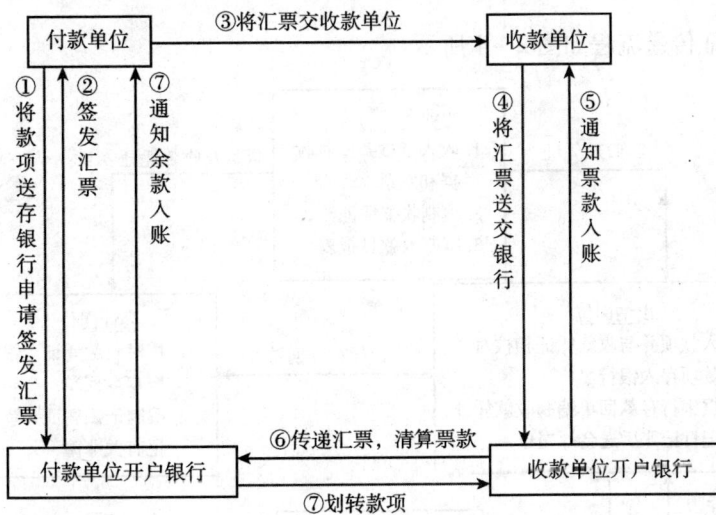

图 2-2　银行汇票传递流程

3. 商业汇票传递流程

商业汇票传递流程如图 2-3 所示。

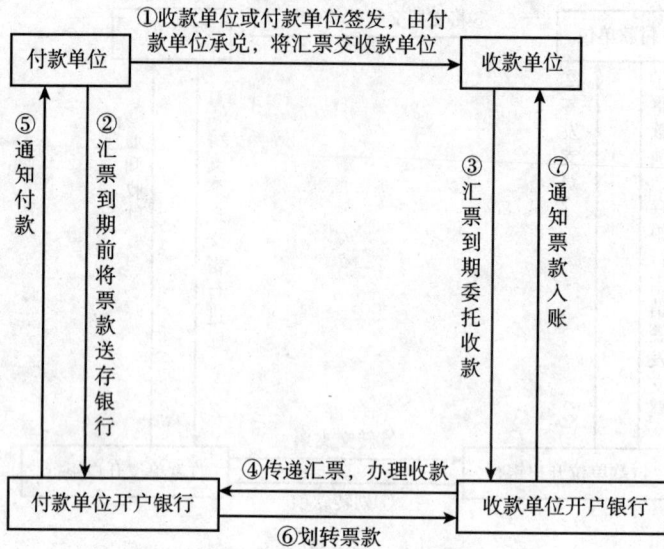

图 2-3　商业汇票传递流程

（二）收款业务凭证传递流程

收款业务凭证传递流程如图 2-4 所示。

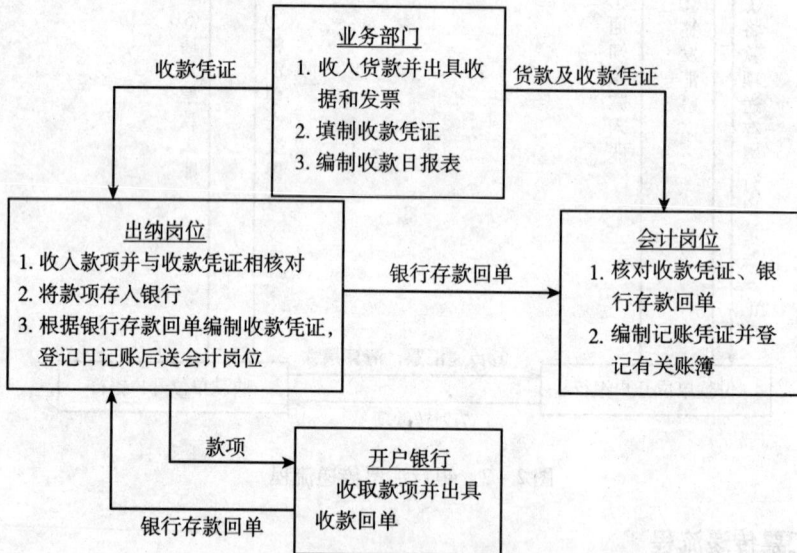

图 2-4　收款业务凭证传递流程

（三）付款业务凭证传递流程

付款业务凭证传递流程如图 2-5 所示。

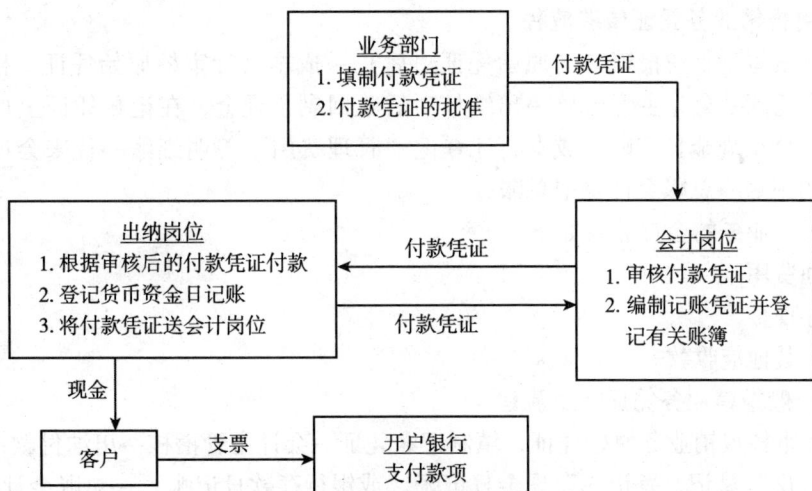

图 2 - 5　付款业务凭证传递流程

（四）主要经济业务凭证传递及账务处理

1. 采购业务凭证传递流程

成本会计检查请购单、购货发票、核对仓库转来的入库单，填制记账凭证→会计主管审核并批准付款，稽核记账凭证→出纳办理付款，并在记账凭证上加盖"付讫"戳记，并登记银行存款日记账→成本会计登记材料物资明细账→总账会计登记总账。

采购业务的会计分录如下。

借：原材料

　　应交税费——应交增值税（进项税额）

　　　贷：银行存款

2. 销售业务凭证传递流程

出纳审核销售部门转来的销售单据、库房转来的货物发运凭证及收到的支票、银行汇票等结算凭证→总账会计稽核后开具销售发票→出纳登记发票使用登记簿，填制收款凭证→会计主管审核→出纳登记银行存款日记账→总账会计登记总账。

销售业务的会计分录如下。

借：银行存款

　　　贷：主营业务收入

　　　　　应交税费——应交增值税（销项税额）

3. 差旅费借款业务凭证传递流程

出差人员填制借款单并经相关领导签字批准→往来会计审核借款单，填制记账凭证→会计主管稽核→出纳付款，并在记账凭证上加盖"付讫"戳记，登记库存现金日记账→往来会计登记明细账→总账会计登记总账。

差旅费借款业务的会计分录如下。

借：其他应收款——×××

　　　贷：库存现金

4. 差旅费报销业务凭证传递流程

出差人员填写差旅费报销单（原始凭证附后）→成本会计审核原始凭证，核对预借金额，填制记账凭证→会计主管稽核→出纳核对后收回剩余现金，在记账凭证上加盖"现金付讫"戳记，登记现金日记账→成本会计登记"管理费用"等明细账→往来会计登记"其他应收款"明细账→总账会计登记总账。

差旅费报销业务的会计分录如下。

借：管理费用
 库存现金
  贷：其他应收款——×××

5. 企业一般报销业务凭证传递流程

成本会计审核报销业务原始凭证，填制记账凭证→会计主管稽核→出纳付款，在记账凭证上加盖"付讫"戳记，登记库存现金日记账（或银行存款日记账）→总账会计登记总账

企业一般报销业务的会计分录如下。

借：管理费用
  贷：库存现金（或银行存款）

6. 工资分配和发放业务凭证传递流程

（1）工资及福利费分配凭证传递流程：成本会计填制工资、福利费分配表，填制记账凭证→会计主管稽核→成本会计登记明细账→总账会计登记总账。

工资及福利费分配业务的会计分录如下。

借：生产成本
 制造费用
 管理费用
 销售费用
  贷：应付职工薪酬

（2）工资发放业务凭证传递流程：成本会计审核现金支票存根及工资结算单→会计主管稽核并批准付款→出纳提现，根据工资结算单发放工资，编制记账凭证→出纳登记库存现金及银行存款日记账→总账会计登记总账。

工资发放业务的会计分录如下。

借：应付职工薪酬
  贷：库存现金

附：企业财务制度范本

××企业财务制度

第一章　总则

第一条　为加强公司的财务工作，发挥财务在公司经营管理和提高经济效益中的作用，特制定本规定。

第二条　公司财务部门的职能

1. 认真贯彻执行国家有关的财务管理制度和税收制度，执行公司统一的财务制度。

2. 建立健全财务管理的各种规章制度，编制财务计划，加强经营核算管理，反映、分析财务计划的执行情况，检查监督财务纪律的执行情况。

3. 积极为经营管理服务，通过财务监督发现问题，提出改进意见，促进公司取得较好的经济效益。

4. 厉行节约，合理使用资金。

5. 合理分配公司收入，及时完成需要上交的税收及管理费用。

6. 积极主动与有关机构及财政、税务、银行部门沟通，及时掌握相关法律法规的变化，有效规范财务工作，及时提供财务报表和有关资料。

7. 完成公司交给的其他工作。

第三条　公司财务部由财务经理、会计、出纳和审计人员组成。

第四条　公司各部门和职员办理财会事务必须遵守本规定。

第二章　财务工作岗位职责

第五条　财务经理负责组织本公司的下列工作：

1. 编制和执行预算、财务收支计划、信贷计划，拟订资金筹措和使用方案，开辟财源，有效地使用资金。

2. 进行成本费用预测、计划、控制、核算、分析和考核，督促本公司有关部门降低消耗、节约费用、提高经济效益。

3. 建立健全经济核算制度，利用财务会计资料进行经济活动分析，及时向总经理提出合理化建议。

4. 组织领导财务部门的工作，分配和监督其他人员的工作任务，制定考核奖惩指标。

5. 负责建立和完善公司已有的财务核算体系、生产管理控制流程、成本归集分配制度。

6. 承办公司领导交付的其他工作。

第六条　会计的主要工作职责是：

1. 按照国家会计制度的规定进行记账、复账、报账，做到手续完备，数字准确，账目清楚，按期报账。

2. 按照经济核算原则，定期检查，分析公司财务、成本和利润的执行情况，挖掘增收节支潜力，考核资金使用效果，当好公司参谋。

3. 妥善保管会计凭证、会计账簿、会计报表和其他会计资料。

4. 完成总经理或财务经理交付的其他工作。

第七条　出纳的主要工作职责是：

1. 认真执行现金管理制度。

2. 严格执行库存现金限额，超过部分必须及时送存银行，不坐支现金，不认白条抵押现金。

3. 建立健全现金出纳各种账目，严格审核现金收付凭证。

4. 严格支票管理制度，编制支票使用手续，使用支票须经总经理签字后方可生效。

5. 积极配合银行做好对账、报账工作。

6. 配合会计做好各种账务处理工作。

7. 完成总经理或财务经理交付的其他工作。

第八条　审计的主要工作职责是：

1. 认真贯彻执行有关审计管理制度。

2. 监督公司财务计划的执行、决算。

3. 详细核对公司的各项与财务有关的数字、金额、期限、手续等是否准确无误。

4. 审阅公司的计划、合同和其他有关经济资料，以便掌握情况，发现问题，积累证据。

5. 纠正财务工作中的差错弊端，规范公司的经济行为。

6. 针对公司财务工作中出现的问题产生的原因提出改进建议和措施。

7. 完成总经理或财务经理交付的其他工作。

第三章　财务工作管理

第九条　会计年度自一月一日起至十二月三十一日止。

第十条　会计凭证、会计账簿、会计报表和其他会计资料必须真实、准确、完整，并符合会计制度的规定。

第十一条　财务工作人员办理会计事项必须填制或取得原始凭证，并根据审核的原始凭证编制记账凭证。会计、出纳员记账，都必须在记账凭证上签字。

第十二条　财务工作人员应当会同总经理办公室专人定期进行财务清查，保证账簿记录与实物、款项相符。

第十三条　财务工作人员应根据账簿记录编制会计报表上报总经理，并报送有关部门。

会计报表每月由会计编制，财务经理负责审核，上报一次。会计报表须经财务经理、总经理签名或盖章。

第十四条　财务工作人员对本公司的各项经济活动实行会计监督。

财务工作人员对不真实、不合法的原始凭证，不予受理；对记载不准确、不完整的原始凭证，予以退回，要求更正、补充。

第十五条　财务工作人员发现账簿记录与实物、款项不符时，应及时向总经理或主管副总经理书面报告，并请求查明原因，作出处理。

财务工作人员对上述事项无权自行作出处理。

第十六条　财务工作应当建立内部稽核制度，并做好内部审计。

出纳人员不得兼管稽核、会计档案保管和收入、费用、债权和债务账目的登记工作。

第十七条　财务审计每季一次。审计人员根据审计事项实行审计，并作出审计报告，报送总经理。

第十八条　财务工作人员调动工作或者离职，必须与接管人员办清交接手续。

财务工作人员办理交接手续，由行政办公室主任、主管副总经理监交。

第四章　支票管理

第十九条　支票由出纳员或财务经理指定专人保管。支票使用时须有"请购审批单"，经财务经理、总经理批准签字，然后将支票按批准金额封头，加盖印章，填写日期、用途、登记号码，领用人在支票领用簿上签字备查。

第二十条　支票付款后凭支票存根取得发票，发票由经手人签字、会计核对、财务经理及总经理审批。填写金额要无误，完成后交出纳人员。出纳人员统一编制凭证号，按规定登记银行账号，原支票领用人在"支票借款单"及登记簿上注销。

第二十一条　支票借款应在签发支票之日起五个工作日内清算，超期的财务人员月底清账时凭"支票借款单"转应收个人款，发工资时从领用工资内扣还，当月工资不足扣还的，逐月延扣以后的工资，领用人完善报账手续后再作补发工资处理。

第二十二条　对于报销时短缺的金额，由支票领用人办理现金借款手续，并按现金借款管理规定执行。

凡一周内支出款项累计超过 10 000 元或现金支出超过 5 000 元时，会计或出纳人员应文字性报告财务经理。凡与公司业务无关款项，不分金额大小均由承办人文字性报告财务经理。

第二十三条　凡 1 000 元以上的款项进入银行账户两日内，会计或出纳人员应文字性报告财务经理。

第二十四条　公司财务人员支付每一笔款项，不论金额大小均须财务经理会同总经理联合签字。总经理外出应由财务人员设法通知，经总经理授权可委托其他负责人代签，同意后可先付款后补签。

第五章　现金管理

第二十五条　公司可以在下列范围内使用现金：

1. 职员工资、津贴、奖金；

2. 个人劳务报酬；

3. 出差人员必须携带的差旅费；

4. 结算起点以下的零星支出；

5. 总经理批准的其他开支；

6. 金额结算起点定为 1 000 元，结算规定的调整由总经理确定。

第二十六条　除本规定第二十五条外，财务人员支付个人款项，超过使用现金限额的部分，应当以支票支付；确需全额支付现金的，经财务经理审核，总经理批准后方可支付现金。

第二十七条　公司固定资产、原料辅料、车辆保管维修、代办运输费用、办公用品、劳保、福利及其他工作用品必须采取转账结算方式，不得使用现金。

第二十八条　日常零星开支所需库存现金限额为 5 000 元。超额部分应存入银行。

第二十九条　财务人员支付现金，可以从公司库存现金限额中支付或从银行存款中提取，不得从现金收入中直接支付。

因特殊情况确需坐支的，应事先报经财务经理批准。

第三十条　财务人员从银行提取现金，应当填写"现金借款单"，并写明用途和借款金额，由财务经理批准后方可提取。

第三十一条　公司职员因工作需要欲借用现金，需填写"借款单"，经会计审核，交财务经理、总经理批准签字后方可借用，并按借款审批程序第二条执行。超过还款期限即转应收款，在当月工资中扣还。

第三十二条　符合本规定第二十五条的，凭发票、工资单、差旅费单及公司认可的有效报销或领款凭证，由经手人签字，会计审核，财务经理、总经理批准后由出纳支付现金。

第三十三条　发票及报销单经总经理批准后，由会计审核，经手人签字，金额数量无误，填制记账凭证。

第三十四条　工资由财务人员依据行政办公室及各部门每月提供的核发工资资料代理编制职员工资表，交主管副总经理审核，经财务经理、总经理签字，财务人员按时提款，当月发放工资，填制记账凭证，进行账务处理。

第三十五条　差旅费及各种补助单，由部门经理签字，会计审核时间、天数无误并报财务经理复核后，送总经理签字，填制凭证，交出纳员付款，办理会计核算手续。

第三十六条　无论何种汇款，财务人员都须审核"汇款通知单"，分别由经手人、部门经理、财务经理、总经理签字。会计审核有关凭证。

第三十七条　出纳人员应当建立健全现金、银行存款账目，逐笔记载现金、银行款项支付。账目应当日清月结，每日结算，账款相符。

第六章　会计档案管理

第三十八条　凡是本公司的会计凭证、会计账簿、会计报表、会计文件和其他有保存价值的资料，均应归档。

第三十九条　会计凭证应按月、按编号顺序装订成册，标明月份、季度、年起止、号数、单据张数，由会计及有关人员签名盖章，由财务经理指定专人归档保存，归档前应加以装订。

第四十条　会计报表应分月报、季报、年报，按时归档，由财务经理指定专人保管，并分类填制目录。

第四十一条　会计档案不得携带外出，凡查阅、复制、摘录会计档案，须经财务经理批准。

第七章　处罚办法

第四十二条　出现下列情况之一的，对财务人员予以警告并扣发本人月薪1～3倍。

1. 超出规定范围、限额使用现金的或超出核定的库存现金限额留存现金的。
2. 用不符合财务会计制度规定的凭证顶替银行存款或库存现金的。
3. 未经批准，擅自挪用或借用他人资金或支付款项的。
4. 利用账户替其他单位和个人套取现金的。
5. 未经批准坐支或未按批准的坐支范围和限额坐支现金的。
6. 保留账外款项或将公司款项以财务人员个人储蓄方式存入银行的。
7. 违反本规定条款认定应予处罚的。

第四十三条　出现下列情况之一的，财务人员应予解聘。

1. 违反财务制度，造成财务工作严重混乱的。
2. 拒绝提供或提供虚假的会计凭证、账表、文件资料的。
3. 伪造、变造、谎报、毁灭、隐匿会计凭证及会计账簿的。
4. 利用职务便利，非法占有或虚报冒领、骗取公司财物的。
5. 弄虚作假、营私舞弊、非法谋私、泄露秘密及贪污挪用公司款项的。
6. 在工作范围内发生严重失误或者由于玩忽职守致使公司利益遭受损失的。
7. 有其他渎职行为和严重错误，应当予以辞退的。

第八章　附则

财务负责人工作责任制度（略）

出纳作业处理准则（略）

会计核算基础工作规范（略）

借款及各项费用开支标准审批程序（略）

其他有待补充完善的财务管理制度（略）

第四十四条　本规定由公司财务部负责解释。

第四十五条　本规定自发布之日起生效试行。

第三章　模拟企业基本资料

一、企业基本情况

企业名称：沈阳工程机械股份有限公司

企业类型：工业企业

法人代表：张亮

注册资本：1 000 万元

开户银行：中国工商银行东城支行

账号：6518496658579206

税务登记号：2112036568889436

财务科长：王杰

会计主管：吴华

出纳：张丽

经营地址：沈阳市东城路 7 街 8 号

预留印鉴：企业财务专用章：　　　　　　　　　法人代表章：

二、企业会计政策及会计核算办法

（1）适用于《企业会计准则（2006）》。

（2）会计核算以人民币为记账本位币，采用借贷记账法记账。

（3）库存现金限额为 5 000 元。

（4）采用科目汇总表核算形式，每半月汇总一次，汇总后即登记总账。

三、实验资料

（1）沈阳工程机械股份有限公司 20××年 1 月 1 日相关账户资料如下。

总账账户期初余额

编 号	总分类账户	明细分类账户	借方余额	贷方余额	数 量	单价（元）
1	库存现金		2 000			
2	银行存款		800 000			
3	应收票据		120 000			
4		利德公司	20 000			
5		天龙公司	100 000			
6	应收账款		80 000			
7		滨海公司	60 000			
8		徐工工程公司	20 000			
9	其他应收款		700			
10		李倩	200			
11		徐明	500			
12	原材料		500 000			
13		甲材料	300 000		10 000	30
14		乙材料	200 000		4 000	50
15	库存商品		80 000			
16		A 产品	50 000		200	250
17		B 产品	30 000		300	100
18	坏账准备			400		
19	固定资产		2 400 000			
20	累计折旧			36 000		
21	短期借款			260 000		
22	应付账款			74 100		
23		沈阳昌江工厂		4 100		
24		沈阳铸钢厂		54 000		
25		沈阳华光厂		16 000		
26	预收账款			20 000		
27		沈阳仪表厂		20 000		
28	应付职工薪酬			10 000		
29		应付工资				
30		应付职工福利费		10 000		
31	应交税费			5 200		
32		应交所得税		4 500		
33		应交城建税		500		

编 号	总分类账户	明细分类账户	借方余额	贷方余额	数 量	单价/元
34		教育费附加		200		
35	其他应付款			8 000		
36		张宏		8 000		
37	长期借款			400 000		
38	股本			2 927 000		
39	资本公积			180 000		
40	盈余公积			58 484		
41	利润分配	未分配利润		20 000		
42	生产成本		8 484			
43		A产品	7 474		37	202
44		B产品	1 010		10	101
45	合计		3 999 184	3 999 184		

（2）生产成本明细账期初余额如下。

成本项目 / 产品名称	直接材料	直接人工	制造费用	合 计
A产品	1 869	2 318	3 287	7 474
B产品	200	300	510	1 010

（3）沈阳工程机械股份有限公司20××年1月份发生以下业务。

①1日，用现金300元购买办公用品，商业零售发票如下。

【业务1】

辽宁省沈阳市商品销售统一发票

购货单位：沈阳工程机械股份有限公司　　　20××年1月1日　　　No：056243

品 名	规 格	单 位	数 量	单 价	万	千	百	十	元	角	分
笔		支	200	1			2	0	0	0	0
本		本	25	4			1	0	0	0	0
合计							3	0	0	0	0

合计金额（大写）人民币叁佰元整

开票人：邢晓宏　　　收款人：王丽　　　单位名称（盖章）：

②1日，生产车间主任张琳预借差旅费500元，用现金支付。借款单如下。

【业务2】

借 款 单

20××年1月1日　　　　　　　　　　　　　　　单位：元

工作部门	生产车间		姓　名	张琳
借款理由	去南京采购材料			
借款金额	￥500.00		批准金额	￥500.00
人民币（大写）	伍佰元整		付款方式	现金
借款人签字	张琳	财务负责人	王杰	单位领导审批　张亮

③2日，从银行提取现金3 000元备用。现金支票存根如下。

【业务3】

中国工商银行
现金支票存根（辽）
Ⅶ Ⅱ 12015354
科　　目
对方科目
出票日期　20××年1月2日

收款人：沈阳工程机械股份有限公司

金　额：3 000.00

用　途：备用金

备　注

单位主管：　　　　会计：

④5日，向沈阳华光厂购买甲材料300千克，单价30元，价款9 000元，增值税1 530元，开出转账支票支付。银行转账支票存根、增值税专用发票如下。

【业务4】

中国工商银行
转账支票存根（辽）
Ⅶ Ⅱ 12012456
科　　目　银行存款
对方科目
出票日期　20××年1月5日

收款人：沈阳华光厂

金　额：10 530.00

用　途：购材料款

备　注

单位主管：　　　　会计：

辽宁增值税专用发票

发 票 联

1011091666

No：120020121

开票日期：20××年1月9日

购货单位	名　　称：沈阳工程机械股份有限公司 纳税人识别号：2112036568889436 地　址、电话：沈阳市东城路7街8号 开户行及账号：工商银行东城支行6518496658579206	密码区	略

货物或应税劳务	规格型号	单位	数量	单价	金额	税率	税额
甲材料		千克	300	30	9 000	17%	1 530
合　计					￥9 000		￥1 530

税合计（大写）	零拾壹万零仟伍佰叁拾零元零角零分		（小写）￥10 530．00

销货单位	名　　称：沈阳华光厂 纳税人识别号：211104221668910 地　址、电话：沈阳市铁西区兴华街12号 024－5689 434 开户行及账号：中国农业银行铁西支行 6226 5800 3000 6909 118	备注	结算方式：转账支付

收款人：张平　　　复核：周岩　　　开票人：张斌　　　销货单位：（章）

⑤ 6 日，5 日购入的甲材料全部验收入库。入库单如下。

【业务5】

材料入库单

供货单位：沈阳华光厂

凭证编号：20091201

发票编号：120050412

20××年1月5日

收料仓库：1 号库

材料名称	材料规格	计量单位	数量		金额/元			
			应收	实收	单价	买价	运杂费	合计
甲材料	S112	千克	300	300	30	9 000		9 000
合　计						￥9 000		￥9 000

会计主管：李冬梅　　记账：张倩　　仓库主管：李国华　　保管：王东升　　验收：李海　　采购：王林琳

⑥ 6 日，销售给上海东方工厂 B 产品 80 件，每件单价 260 元，价款 20 800 元，增值税 3 536 元，款项已收到。银行进账单、增值税专用发票如下。

【业务6】

中国工商银行 进 账 单（收账通知）

20××年1月6日 第028号

付款人	全 称	上海东方工厂	收款人	全 称	沈阳工程机械股份有限公司
	账 号	4367402778668865998		账 号	6518496658579206
	开户银行	建设银行西城支行		开户银行	中国工商银行沈阳支行

	千 百 十 万 千 百 十 元 角 分
人民币（大写）贰万肆仟叁佰叁拾陆元整	￥2 4 3 3 6 0 0

票据种类	转账	中国工商银行沈阳分行 收款人开户银行盖章
票据张数	1 张	转讫
单位主管 会计 复核 记账		

此联是银行给收款人的收账通知

辽宁增值税专用发票

发 票 联

1011091666

No：120020121

开票日期：20××年1月7日

购货单位	名 称：上海东方工厂 纳税人识别号：210223446777897 地址、电话：上海市淮海路18号 开户行及账号：建设银行淮海支行4367402778668865998	密码区	略

货物或应税劳务	规格型号	单 位	数 量	单 价	金 额	税 率	税 额
B产品		件	80	260	20 800	17%	3 536
合计					￥20 800		￥3 536

税合计（大写）	零拾贰万肆仟叁佰叁拾陆元零角零分	（小写）￥24 336.00

销货单位	名 称：沈阳工程机械股份有限公司 纳税人识别号：2112036568889436 地址、电话：沈阳市东城路7街8号 开户行及账号：工商银行沈阳分行65184966585799206	备注	沈阳工程机械股份有限公司 结算方式：转账支付 2107100000825656 发票专用章

收款人：张丽 复核：尚昆 开票人：张平 销货单位：（章）

⑦ 6日，以银行存款支付电视台广告费1 500元。转账支票存根、广告业发票如下。

【业务7】

中国工商银行
转账支票存根（辽）
Ⅶ Ⅱ12012869
科　　目
对方科目
出票日期　20××年1月6日

收款人：辽宁电视台广告部	
金　额：1 500.00	
用　途：支付广告费	
备　注	

单位主管：　　　　　会计：

辽宁省广告业专用发票
发票联

111000511001
No 056243

客户名称：沈阳工程机械股份有限公司

编　号	商品名称	规格	单位	数量	单价	金　额							
						十	万	千	百	十	元	角	分
	广告费							1	5	0	0	0	0
		小写金额合计						¥	1	5	0	0	0	0
大写金额		零万壹仟伍佰零拾零元零角零分											

开票单位（盖章有效）辽宁电视台广告部　　　　开票人：李晓宏　　　　20××年1月6日

⑧6日，生产车间为生产A产品领用甲材料500千克，单价30元，乙材料800千克，单价50元，生产B产品领用甲材料350千克，单价30元，乙材料450千克，单价50元，管理部门领用甲材料300千克，单价30元，乙材料150千克，单价50元，领料单如下。

【业务8】

领 料 单

领料单位：基本生产车间　　　　　　　　　　　　　　　　编号：20××11201
用　途：生产A产品用　　　　20××年1月6日　　　　仓库：2号库

材料名称	材料规格	计量单位	数量		单价	金　额
			请领	实发		
甲材料	S112	千克	500	500	30	15 000
乙材料	V005	千克	800	800	50	40 000
合　计						¥55 000

主管：　　会计：　　记账：　　仓库保管：王吉　　发料：孙鹏　　领料：张琦

领 料 单

领料单位：基本生产车间
用　途：生产B产品用　　　　　20××年1月6日

编号：20××11201
仓库：2号库

材料名称	材料规格	计量单位	数量 请领	数量 实发	单价	金额
甲材料	S112	千克	350	350	30	10 500
乙材料	V005	千克	450	450	50	22 500
合　计						¥33 000

主管：　　会计：　　记账：　　保管：王吉　　发料：孙鹏　　领料：张琦

领 料 单

领料单位：行政管理部门
用　途：一般耗用　　　　　20××年1月6日

编号：20××11201
仓库：2号库

材料名称	材料规格	计量单位	数量 请领	数量 实发	单价	金额
甲材料	S112	千克	300	300	30	9 000
乙材料	V005	千克	150	150	50	7 500
合　计						¥16 500

主管：　　会计：　　记账：　　保管：王吉　　发料：孙鹏　　领料：张琦

⑨7日，销售给徐工工程公司A产品120件，每件单价520元，价款62 400元，增值税10 608元，款项未收到。托收承付凭证和增值税发票如下。

【业务9】

中国工商银行 托收承付凭证（贷方凭证）

委托日期：20××年1月7日　　　　　No 20××1486

收款人	全　称	沈阳工程机械股份有限公司	付款人	全　称	徐工工程公司
	账　号	6518496658579206		账　号	210251354488
	开户银行	工商银行沈阳分行		开户银行	中国工商行二支行

委托收款金额　人民币（大写）柒万叁仟零捌元整　　　百十万千百十元角分 ¥ 7 3 0 0 8 0 0

附寄单据 4　商品发运情况　铁路货运　合同号码 GZ-008

本托收款项随有关单证等件，请予办理托收

备注：电划

收款人盖章
20××年1月7日

科目（借）
对方科目（贷）
汇出行汇出日期　年 月 日
复核　　记账
收款人开户银行收到日期20××年1月7日

此联是银行给收款人的回单

辽宁增值税专用发票

发票联

1011091666

No: 120020121

开票日期: 20××年1月7日

购货单位	名　　称: 徐工工程公司 纳税人识别号: 210462553766612 地　址、电话: 上海市淮海路18号 开户行及账号: 中国工商行二支行210251354488	密码区	略

货物或应税劳务	规格型号	单位	数量	单价	金额	税率	税额
A产品		件	120	520	62 400	17%	10 608
合计					¥62 400		¥10 608

税合计(大写)	零拾柒万叁仟零佰零拾捌元零角零分	(小写) ¥73 008.00

销货单位	名　　称: 沈阳工程机械股份有限公司 纳税人识别号: 2112036568889436 地　址、电话: 沈阳市东城路7街8号 开户行及账号: 工商银行沈阳分行6518496658579206	备注	结算方式: 转账支付 2107100000825656

收款人: 张丽　　　复核: 尚昆　　　开票人: 张平　　　销货单位: (章)

⑩ 7日,张琳报销差旅费480元,退回现金20元。差旅费报销单和收据如下。

【业务10】

差旅费报销单

部门: 供应科　　　　　　　　　　20××年1月7日　　　　　　　　　　金额单位: 元

起日		止日		合计天数	各项补助费									车船杂支费							合计金额	
					伙食补助			住宿补助			未买卧铺补助			夜间乘硬座超过12小时补助	火车费	汽车费	轮船费	飞机费	市内交通费	住宿费	其他杂支		
月	日	月	日		天数	标准	金额	天数	标准	金额	票价	标准	金额										
1	2	1	4	3	2	25	50	2	75	150					280							480	附件 张

合计人民币大写	零万零仟肆佰捌拾元零角零分

原借差旅费 __500__ 元　　　报销 __480__ 元　　　超支/节余 __20__ 元

出差事由	合同洽谈	出差人	张琳

部门领导签字: 李萍　　　会计主管签字: 王杰　　　出差人签字: 张琳　　　附单据　张

收　据

20××年1月7日　　　　　　　　　　　　　　　　　No：10052

今收到　张琳				
人民币（大写）贰拾元整		￥20.00		
事由：张琳交回差旅费多余款		现金：√		
		支票：		
收款单位	沈阳工程机械股份有限公司	会计主管	王杰	收款人

（印章：现金收讫）

第二联　记账

　　⑪7日，结转销售A产品、B产品的成本。销售成本计算单如下。

【业务11】

销售成本计算单

产品名称	销售数量	单位成本	销售成本
A产品	120	250	30 000
B产品	80	100	8 000
合　计			38 000

会计主管：王杰　　　　仓库主管：李国华　　　　保管：王东升　　　　经手人：李海

　　⑫8日，收到徐工工程公司转账支票一张，偿还原欠货款20 000元，已办妥进账手续。银行进账单如下。

【业务12】

中国工商银行 进账单（收账通知）

20××年1月8日　　　　　　　　　　　　　　　　第028号

付款人	全　称	徐工工程公司	收款人	全　称	沈阳工程机械股份有限公司
	账　号	210251354488		账　号	6518496658579206
	开户银行	中国工商银行二支行		开户银行	中国工商银行沈阳支行

人民币（大写）贰万元整	千	百	十	万	千	百	十	元	角	分
			￥	2	0	0	0	0	0	0

票据种类	转账
票据张数	1张
单位主管　　会计　　复核　　记账	收款人开户银行盖章

此联是银行给收款人的　收账通知

⑬ 10 日，从银行提取现金 81 000 元备发工资。现金支票存根如下。

【业务 13】

中国工商银行
现金支票存根（辽）
Ⅶ Ⅱ 12034645
科　　目
对方科目
出票日期　　20××年1月10日

收款人：沈阳工程机械股份有限公司
金　额：81 000.00
用　途：提现备发工资
备　注

单位主管：　　　　　　　　　　会计：

⑭ 10 日，以现金 50 000 元发放工资。工资明细表如下。

【业务 14】

1 月份工资明细表

20××年1月10日

编号	职工姓名	应付工资						代扣款项				实发工资	签字
		基础工资	计件工资	奖金	津贴	…	应付工资	养老保险（8%）	医疗保险（2%）	失业保险（1%）	住房公积金（8%）		
1	张琳	920		400		…	1 600	128	32	16	128	1 296	张琳
2	李冬梅	1 020	100	200		…	1 800	144	36	18	144	1 458	李冬梅
3	张丽	860	500			…	1 500	120	30	15	120	1 215	张丽
4	邢晓宏	960	200			…	1 600	128	32	16	128	1 296	邢晓宏
5	李莉	830		120		…	1 400	112	28	14	112	1 134	李莉
6	王吉	950	500	200		…	2 000	160	40	20	160	1 620	王吉
…	…	…	…	…	…		…	…	…	…	…	…	…
合计							100 000					81 000	

⑮ 13 日，企业购入汽车一辆，买价 40 000 元，增值税进项税额 6 800 元，银行转账支付款项。车辆交销售部使用。增值税专用发票和转账支票如下。

【业务 15】

辽宁增值税专用发票

发票联

1011091666

No：120020121

开票日期：20××年1月9日

购货单位	名　　称：沈阳工程机械股份有限公司 纳税人识别号：2112036568889436 地　址、电话：沈阳市东城路7街8号 开户行及账号：工商银行6518496658579206				密码区		略	
货物或应税劳务	规格型号	单　位	数　量	单　价	金　额	税率	税　额
汽车		辆	1	40 000	40 000	17%	6 800
合计					40 000		6 800

税合计（大写）	零拾肆万陆仟捌佰零拾零元零角零分	（小写）￥46 800.00

销货单位	名　　称：辽宁运输车辆厂 纳税人识别号：210556288223002 地　址、电话：沈阳市铁西区 024－23432345 开户行及账号：中国银行铁西支行 4563610400007865568	备注	结算方式：转账支付 210556288223002

收款人：张平　　　　复核：尚昆　　　　开票人：张平　　　　销货单位：（章）

表 3－18

中国工商银行 **转账支票存根（辽）** Ⅶ Ⅱ12076120 科　　目 对方科目 出票日期　20××年1月13日
收款人：
金　额：46 800.00
用　途：支付购汽车款
备　注
单位主管：　　　　会计：

⑯ 14 日，收到滨海公司偿还货款 12 000 元，收到银行的收账通知如下。

【业务 16】

中国工商银行 **托收承付凭证**（收账通知）

委托日期：20××年 1 月 14 日　　　　　　　　No 20091486

收款人	全　称	沈阳工程机械股份有限公司	付款人	全　称	滨海公司
	账　号	6518496658579206		账　号	2102350081-010
	开户银行	中国工商银行沈阳支行		开户银行	中国工商行滨海支行

委托收款金额	人民币（大写）壹万贰仟元整	百	十	万	千	百	十	元	角	分
				¥ 1	2	0	0	0	0	0

附寄单据	3	商品发运情况		已验收入库	合同号码	CZ-006

备注：电划	上列款项已划回收入你方账户内。 中国工商银行沈阳分行 东城支行 收款人开户银行签章 20××年1月7日 转讫	科目（借） 对方科目（贷） 汇出行汇出日期　年　月　日 　　复核　　　记账 收款人开户银行收到日期20××年1月7日

此联是银行给收款人的回单

⑰ 15 日，接到银行通知，偿还本市昌江工厂货款 41 000 元。付款通知如下。

【业务 17】

委托收款凭证（付款通知）

委托日期：20××年 1 月 15 日　　　　　　　　No 20091324

收款人	全　称	沈阳昌江工厂	付款人	全　称	沈阳工程机械股份有限公司
	账　号	6518496658579206		账　号	6518496658579206
	开户银行	工商银行铁东支行		开户银行	中国工商银行沈阳支行

委托收款金额	人民币（大写）肆万壹仟元整	百	十	万	千	百	十	元	角	分
				¥ 4	1	0	0	0	0	0

附寄单据	3	商品发运情况		已验收入库	合同号码	CZ-006

备注：电划		付款人注意： 1. 应于见票的当日通知开户银行划款。 2. 如需拒付，应在规定期限内，将拒付理由书并附债务证明退交开户银行。
	付款人开户银行签章 20××年1月15日	

此联是银行给收款人的回单

⑱ 15 日，上交所得税 4 500 元。税收通用完税凭证如下。

【业务18】

税务局专用缴款书

填制日期：20××年1月15日　　　　　　　　　　编号：0956

收款人	全　　称	沈阳市国税局		缴款人	全　　称	沈阳工程机械股份有限公司
	预算级次	地方			账　　号	6518496658579206
	收缴金库				开户银行	中国工商银行沈阳支行

税款所属时期：20××年11月		税款限缴日期：20××年1月15日	

税款名称	计缴基数	比例	扣除比例	应扣金额	应缴金额
所得税	18 000	25%			4 500.00
实缴合计（大写）肆仟伍佰元整					¥4 500.00

备注： （缴款单位印章）★	（税务机关章）征税专用章	上列款项已收托妥并划转收款单位账户。

⑲ 25日，以银行存款支付本月电话费1 500元。电信局专用收据和转账支票存根如下。

【业务19】

中国联合网络通信有限公司辽宁省分公司

发 票 联

用户名称	沈阳工程机械股份有限公司	电话号码	024—21385658	局编账号	20001377267
合计金额	人民币（大写）壹仟伍佰元整		¥1 500		
项目	月固定费：20　　　语音通话费：1 480　　　上次未交费用：0				
	上次余额：0　　　本次交纳：1 500　　　本次余额：0				

通话周期：20××/11/01—20××/11/30　　　　付款方式：支票　　　　收款员：S0098137

中国工商银行

转账支票存根（辽）

Ⅶ Ⅱ目 21356211

科　　目

对方科目

出票日期　20××年1月25日

收款人：电信局
金　额：1 500.00
用　途：电话费
备　注

单位主管：　　　　　会计：

⑳ 26日，从工商银行市行分理处取得6个月期流动资金贷款60 000元，存入银行。借款凭证如下。

【业务 20】

中国工商银行（短期贷款）借款凭证（入账通知）

单位编号：1234　　　　　　　日期：20××年1月26日　　　　　　　银行编号：5678

收款单位	名　称	沈阳工程机械股份有限公司	付款单位	名　称	中国工商银行沈阳支行
	往来账号	6518496658579206		往来账号	220000111
	开户银行	中国工商银行沈阳支行		开户银行	中国工商银行沈阳支行

		百	十	万	千	百	十	元	角	分
借款金额	人民币（大写）陆万元整			¥6	0	0	0	0	0	0

借款原因及用途	流动资金	利率	6%

借款期限	你单位上列借款，已转入你单位结算账户内，借款到期时由我行按期自你单位结算账户转还。 此致

转讫　（银行盖章）
20××年1月26日

此联是银行给借款单位的入账通知

㉑ 30 日，计提本月应负担的短期借款利息 600 元。应付利息计算表如下。

【业务 21】

应付利息计算表

企业名称：沈阳工程机械股份有限公司　　　20××年1月30日　　　　　　单位：元

种　类	金　额	计息时间	年利率	利息金额
短期借款	120 000.00	20××年1月	6%	600.00
合　计	120 000.00			600.00

㉒ 31 日，分配本月工资。工资费用分配表如下。

【业务 22】

工资费用分配表

应借账户		工资费用
生产成本	A 产品	60 000
	B 产品	20 000
	合计	80 000
制造费用		10 000
辅助生产成本	略	略
	略	
	略	
管理费用		8 000
销售费用		2 000
合计		100 000

㉓ 31 日，按工资总额的 14% 提取职工福利费。职工福利费计提表如下。

【业务 23】

职工福利费计提表

应借科目	计提基数	计提比例	计提金额
生产成本——A 产品	60 000	14%	8 400
生产成本——B 产品	20 000	14%	2 800
制造费用	10 000	14%	1 400
管理费用	8 000	14%	1 120
销售费用	2 000	14%	280
合计	100 000	14%	14 000

㉔ 31 日，计提本月固定资产折旧。固定资产折旧汇总表如下。

【业务 24】

固定资产折旧汇总表

车间、部门	上月计提折旧额	上月增加折旧额	上月减少折旧额	本月应提折旧额
生产车间厂房及设备	100 000	30 000	20 000	11 0000
行政管理部门房屋、车辆及其他	50 000	6 000	8 000	48 000
销售部门房屋、车辆及其他	25 000	3 000		28 000
合　计	175 000	39 000	28 000	186 000

㉕ 31 日，月末将本月发生的制造费用分配转入生产成本。制造费用分配表如下。

【业务 25】

制造费用分配表

20××年 1 月 30 日

产品名称	分配标准（工人工资）	分　配　率	分配金额
A 产品			
B 产品			
合　　计			

制表　　　　　　　　　　　　　　　　　复核

㉖ 31 日，590 件 A 产品全部完工入库，结转完工产品的生产成本。B 产品 622 件尚未完工。完工产品成本计算单如下。

【业务 26】

产品成本计算单

车间名称：基本生产车间　　　　　　　　年　月　　　　　　　　产品名称：A 产品

成本项目	月初在产品成本	本月生产费用	费用合计	完工产品成本
直接材料				
直接工资				
制造费用				
合　计				

单位主管：　　　　　　　审核：　　　　　　　制单：

㉗ 将企业多余的乙材料销售给本市宏大机械厂，600 千克，单价 50 元，增值税销项税额 5 100 元。增值税专用发票和进账单如下。

【业务 27】

辽宁增值税专用发票

发　票　联

1011091666

No：120020122

开票日期：20×× 年 1 月 31 日

购货单位	名　　　称：沈阳宏大机械厂 纳税人识别号：21053446777664 地址、电话：沈阳市泉园二路 18 号 开户行及账号：建设银行泉园支行4367402755676811252	密码区	略

货物或应税劳务	规格型号	单位	数量	单价	金额	税率	税额
乙材料		千克	600	50	30 000	17%	5 100
合计					￥30 000		￥5 100

税合计（大写）	零拾叁万伍仟壹佰零拾零元零角零分		（小写）￥35 100.00

销货单位	名　　　称：沈阳工程机械股份有限公司 纳税人识别号：2112036568889436 地址、电话：沈阳市东城路 7 街 8 号 开户行及账号：工商银行沈阳分行6518496658579206	备注	结算方式：转账支付 2107100000825656

收款人：张丽　　　复核：尚昆　　　开票人：张平　　　销货单位：（章）

中国工商银行 进账单（收账通知）

20×× 年 1 月 31 日　　　　　　　　第 029 号

付款人	全　称	沈阳宏大机械厂	收款人	全　称	沈阳工程机械股份有限公司	
	账　号	4367402755676811252		账　号	6518496658579206	
	开户银行	建设银行泉园支行		开户银行	中国工商银行沈阳支行	

人民币（大写）叁万伍仟壹佰元整		千 百 十 万 千 百 十 元 角 分
		￥3 5 1 0 0 0 0

票据种类	转账
票据张数	1 张
单位主管　　会计　　复核　　记账	收款人开户银行盖章

㉘ 31 日，本月应交增值税 10 914 元，分别按 7% 和 3% 计算应缴纳的城市维护建设税和教育费附加。城市维护建设税和教育费附加计算表如下。

【业务 28】

应交税费计算表
20××年 1 月 31 日

项 目	计税依据	计税金额	适用税（费）率	应交税费金额	备 注
增值税	—	—	—	10 914	
城市维护建设税	应交增值税	10 914	7%		
教育费附加	应交增值税	10 914	3%		
合 计					

财务主管：冯晓丹　　　复核：周琪　　　制表人：张姗

㉙ 31 日，企业在财产清查时，发现盘亏甲材料 20 千克，单价 30 元。存货盘盈盘亏报告表如下。

【业务 29】

存货盘盈盘亏报告表
20××年 1 月 31 日

存货名称及规格	计量单位	数量		盘 盈			盘 亏			盈亏原因
		账存	实存	数量	单价	金额	数量	单价	金额	
甲材料	千克	180	160				20	30	600	责任人造成
合 计		180	160						600	

㉚ 31 日，将本月的损益类账户余额转入本年利润账户。内部转账单如下。

【业务 30】

沈阳工程机械股份有限公司内部转账单
20××年 1 月 31 日　　　　转 号

摘 要	金 额
主营业务收入转入"本年利润"	
其他业务收入转入"本年利润"	
合 计	

制表：吴华

沈阳工程机械股份有限公司内部转账单

20××年1月31日 转 号

摘 要	金 额
主营业务成本转入"本年利润"	
营业税金及附加转入"本年利润"	
销售费用转入"本年利润"	
管理费用转入"本年利润"	
财务费用转入"本年利润"	
合 计	

制表：吴华

第四章　单项实验

实验一　会计汉字及数字规范书写

一、实验目的

通过实验，使学生熟悉会计汉字和会计数字书写的规范标准，掌握标准的会计数字书写技能。

二、实验内容

（1）练习标准会计汉字的书写。
（2）练习标准会计数字的书写。
（3）练习会计摘要的书写。

三、实验操作知识准备

（一）会计书写规范总体要求

会计书写的内容主要有阿拉伯数字的书写、数字中文大写以及汉字书写等。会计书写基本规范有以下四个。

（1）正确。它是指对经济业务发生的过程中的数字和文字进行准确、完整的记载。它是会计书写的最基本的规范要求。

（2）规范。指记载各项经济业务的书写必须符合财经法规和会计制度的各项规定。从记账、核算、分析，到编制财务报告，都力求书写规范，文字表述精辟，同时要严格按书写格式写。

（3）清晰。指书写字迹清楚，容易辨认，账目条理清晰，使人一目了然。

（4）整洁。指无论凭证、账簿还是报表都必须干净、清洁、整齐分明，无参差不齐及涂改现象。

（二）数码字书写规范

数码字的书写规范即阿拉伯数字的书写规范，应当一个一个地写，不得连笔写。

1. 数码字书写基本要求

（1）书写顺序。阿拉伯数字书写顺序是从左到右，从高位到低位。

（2）斜度。阿拉伯数字在书写时应有一定的斜度。倾斜角度的大小应以笔顺书写方便且好看易认为准。不宜过大或过小，一般可掌握在60°左右，即数码的中心斜线与底平线为60°的夹角。

（3）高度。数码字书写应紧靠横格底线，其上方留出全格1/2，即数码字沿底线占全格的1/2。另"6"的上端比其他数码高出1/4，"7"和"9"的下端比其他数码伸出1/4。

（4）间距。每个数码字要大小一致，每一格只能写一个数字，数字的排列要整齐，数字之间的空隙应均匀。数字要按"三位一节"，用千分空分开。

（5）字体。数字大小要匀称，书写笔画要流畅，独立有型，不能连笔。采用规范的手写体书写，并要保持个人的独特字体，以防被模仿。除"4"、"5"以外，数字须一笔完成，不可人为地增加笔画。对于易混淆且笔顺相近的数字，在书写时应尽可能地按标准字体书写，区分笔顺，避免混同，以防涂改。例如："1"不可写得过短，要保持倾斜度，将格子占满，这样可防止改写为"4"、"6"、"7"、"9"；书写"6"时要顶满格子，下圆要明显，以防止改写为"8"；"7"、"9"两数字的落笔可延伸到底线下面；"6"、"8"、"9"、"0"的圆必须封口。

（6）位数。一般要求数码金额书写到分位为止，元位以下保留角、分两位小数，对分以下的厘、毫、丝、息采用四舍五入的方法。但少数情况下，如计算百分率、折旧率、加权平均单价、单位成本及分配率等，也可以采用多位小数，以达到计算比较准确的目的。

具体书写样式如下：

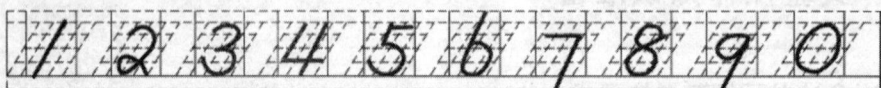

2. 数码数字书写具体要求

1）印有数位线（金额线）的数码字书写

一般来说，凭证和账簿已印好数位线，必须逐格顺序书写，"角"、"分"栏金额齐全。如果"角"、"分"栏无金额，应该以"0"补位，也可在格子的中间划一条短横线代替。如果金额有角无分，则应在分位上补写"0"，不能用"—"代替。

正确书写

收入金额							
十	万	千	百	十	元	角	分
		4	6	8	7	0	0
		4	6	8	7	—	
			9	8	2	0	

错误书写

收入金额							
十	万	千	百	十	元	角	分
			4	6	8	7	
				9	8	2	
				9	8	2	—

2）没有数位线（金额线）的数码字书写

如果没有角、分，仍应在元位后的小数点"."后补写"00"或划一条短斜横线。如果金额有角无分，则应在分位上补写"0"。正确写法：¥85 378.00，¥85 378.—，¥85 378.30。错误写法：¥85 378.3，¥95 367.3。

凡阿拉伯数字前写有币种符号的，数字后面不再写货币单位。印有"人民币"三个字不可再写"¥"符号，但在金额末尾应加写"元"字，如正确写法：人民币730.50元。错误写法：¥730.50元，人民币¥730.50元。

3）数码字书写错误的订正方法

会计资料审核后，发现数码字书写错误时，切忌刮擦（也不可用胶带粘掉）、挖补、涂改，或使用褪色药剂和涂改液，而是应该按照规定的方法进行订正。

审核原始凭证时，发现数码金额书写出现错误时，根据有关规定，不得更改，只能由原始凭证开出单位重开。没有编号的零散作废凭证，应立即销毁废弃。印有编号的作废凭证，应盖有作废印记后保存，或将其各联号留下，粘入其下一号的各相应联上借以向有关部门说明此号作废，以便查改。

（三）大写金额写法规范

中文大写金额数字应用正楷或行书填写，如壹、贰、叁、肆、伍、陆、柒、捌、玖、拾、佰、仟、万、亿、元、角、分、零、整（正）等字样，不得用一、二（两）、三、四、五、六、七、八、九、十、毛、另（或0）填写，不得自造简化字。大写金额书写规范示例：

人民币105 200元，应写成：人民币壹拾万零伍仟贰佰元整。

人民币1 000 581元，应写成：人民币壹佰万零伍佰捌拾壹元整。

人民币2 750.34元，应写成：人民币贰仟柒佰伍拾元零叁角肆分，也可写成：人民币贰仟柒佰伍拾元叁角肆分。

人民币68 000.90元，可以写成：人民币陆万捌仟元零玖角整，也可以写成：人民币陆万捌仟元玖角整。

（四）摘要书写规范

文字书写中一部分是摘要的书写，包括记账凭证摘要、各种账簿摘要。摘要是记录经济业务的简要内容，填写时应用简明扼要的文字反映经济业务概况。摘要要以原始凭证为依据，文字要少而精，说明主要问题。字迹与文字书写要求相同，要工整、清晰、规范。不同类型的经济业务填写摘要栏没有统一格式，但同一类型的经济业务填写摘要时，文字表达应该有相同的规范。

1. 摘要书写基本规范

（1）日常收支业务摘要的编写要与业务内容统一。

例如：王琳用现金60元购买办公用笔。摘要为：王琳购买办公用笔。

（2）摘要的编写要"简"而"明"。

所谓简明，即简单明了。然而太过于简单的摘要，不能把经济内容表达清楚。因此，要抓住重点，将经济内容尽可能全面地表述出来。例如：方刚借去购料款6 000元。摘要为方刚借购料款，而不能为方刚借款，更不能为借款。

（3）摘要的编写要准确。

对反映不同经济内容的同一张记账凭证，每项经济内容准确对应一个摘要，不能笼统使用同一个摘要。现行的借贷记账法和《会计基础工作规范》允许编制一借多贷、一贷多借以及特殊情况下的多借多贷的记账凭证。

（4）更正错账摘要规范。

对记账后的记账凭证，发现错误，用红字冲销原错误凭证时的摘要为"注销某月某日某号凭证"，同时，用蓝字编写正确的记账凭证时摘要为"订正某月某日某号凭证"。对只有金额错误的会计分录，在编制调整数字差额凭证时摘要为"调整某月某日某号凭证"。如果所修改的是往年的错误凭证，那么，在"某月某日"前务必加上"某年"字样。在此说明一点，在注销、订正或调整某张错误凭证的同时，应在被修改的记账凭证摘要的下面手工注明"该凭证在某月某日某号凭证已更正"的标记，表示该凭证已被修改完毕。

有的更正错账时的红字冲账内容没有原始凭证或附件，但也应在摘要中写明冲账原因或业务内容，如写明"更正某号凭证错账"或"冲减退货进项税额"等。

（5）摘要中需要反映必要的数字。

① 需要注明时间的摘要。企业发生的一些经济业务，在摘要中务必注明这些业务所属的时间，不仅可以有效防止发生漏记、重记的可能，而且便于单位间的账务查询。需要在摘要中注明时间的业务包括支付各种款项，如支付货款，交纳某月水费、电费、电话费、各项保险金、个人所得税等；提取职工困难补助等；提取职工福利费、职工教育费、工会经费等。

例如：某单位收到北京 A 单位货款 2 000 000 元。摘要为 4 月份收（北京 A 单位）货款。

② 需要注明人数的摘要。对发放职工生活补贴、困难补助、临时工工资等，在摘要中要注明人次，以便于办公室、人事部门统计相关数据，编制报表时使用。其他部门在统计时就不必去检查每张记账凭证后所附的原始凭证。

例如：发放临时工 18 人共计 36 000 元的工资。摘要为发放临时工 18 人工资。

③ 需要注明数量的摘要。企业需要购置的办公设备、生产设备数量很大，需要报废的陈旧固定资产也很多。虽然固定资产明细账中会反映资产的数量，但为了便于同固定资产管理部门随时实现"动态"对账，在摘要中要注明固定资产的数量。

例如：设备管理处吴亮从上海×××设备公司购买机床两台，通过银行汇款 18 000 元。摘要为吴亮购买××型上海××公司机床两台。

2. 分类业务摘要书写要求

1）现金凭证摘要的填写

① 报销差旅费业务。例如：王红从深圳出差后到财务部门报销差旅费，在会计分录中，借方是"管理费用"、"制造费用"等，贷方是"库存现金"。摘要可记录为"王红报往返深圳差旅费"，指明了何人报销（王红），去何地方（深圳），业务性质是什么（差旅费），比较清楚。如果是与李力一同出差，摘要可写为"王红李力报往返深圳差旅费"。但如果是三人及三人以上人员一同出差，为简明扼要，可写成"王红等三人报往返深圳差旅费"。同一类业务，由于出差人数不同，在摘要的填写上也应有所区别。

② 购买办公用品业务。例如：王红采购了一批办公用品，数量比较多，单位价值比较低，摘要可写成"王红购办公用品一批"。如果王红只采购了一种办公用品，如 300 支碳素笔，为了更清晰地反映业务内容，摘要可写成"王红购 300 支碳素笔"，比"王红购办公用品一批"更贴切。如果采购的办公用品种类虽然比较多，但其中一种所占的金额比较大，例如，王红共采购三种办公用品，其中碳素笔 800 元，文件夹 200 元，打印纸 200 元。为了反映主要的内容，可将摘要写成"王红购碳素笔等办公用品"。因为采购碳素笔支出的 800 元占采购总额的比例已经超过 60%，能够反映出主要内容。

2）银行凭证摘要的填写

① 收付款项业务。在银行凭证涉及的业务中，比较常见的是收付款业务，以付款业务为例。比如，采购部的李力将审批手续齐全的付款通知单转到财务部，对北京市西城区胜利物资贸易公司付款 10 万元，摘要为"胜利物资贸易公司钢材款"，从银行存款日记账中可以清楚地看出，何人经办（李力），付给何单位（胜利物资贸易公司），购买何物（钢材）。除钢材款外，还可能有设备款、加工费等等，都应从摘要中区分开来。

同样，收到的款项可写成"××人收××单位产品款（材料款、设备款等）"。如果单位每月要进行货款回收的统计，则只需要查看银行日记账，就可以迅速地统计出来。

② 销售材料业务。为了便于统计单位边角余料的销售情况，在处理钢板余料时，可将销售的重量填写在摘要上。比如，仓储部的赵明销售余料 5 吨，根据开具的销售发票，摘要可写为"赵明售北京胜利公司余料 5 吨"。这样，在月底或年底统计全年的边角余料销售时，根据其他业务收入的明细账，对摘要中的重量进行汇总，就可以很快地计算出全年的销量，以利于进一步开展材料的统计分析工作。在以上业务的会计分录中，借记"银行存款"，贷记"其他业务收入"，其摘要可均为"赵明售北京胜利公司余料 5 吨"，但同时贷记"应交税费"，明细科目为"应交增值税"，其摘要用"收北京胜利公司销项税"，就更加准确。

3）转账凭证摘要的填写

在企业发生的业务中，转账凭证涉及的业务较多，在此主要介绍以下主要转账业务摘要的填写。

① 购进材料的业务。在不直接支付款项的情况下，一般业务会计分录为借记"材料采购"、"应交税费（应交增值税）"，贷记"应付账款"。比如，采购部从北京市东方物资公司采购钢板，则"材料采购"和"应付账款"对应的摘要均可写为"购北京市东方物资公司钢板"，而"应交税费"对应的摘要应写为"付北京东方公司进项税"。由于目前的增值税基本税率为 17%，低税率 13%，还有征收率 6% 和 4%，所以，在摘要的措辞上有也应有所区别，如对方为小规模纳税人，由税务局代开发票，税率为 6%，则摘要为"付北京东方公司 6% 进项税"，这样便于办理税务的会计人员在进行纳税申报时统计。

此外，根据《中华人民共和国增值税暂行条例》的规定，"一般纳税人外购货物所支付的运输费用，以及销售货物所支付的运输费用，根据运费结算单据所列运费金额依 7% 的扣除率计算进项税额准予扣除"，所以，如果取得了运输费发票，在计算进项税额后，填写摘要时，可写成"付某运输公司 7% 进项税"，与正常业务的 17% 税率相区别。

② 购进固定资产等货款暂欠业务。某公司设备部负责设备的采购，某日，周浩从大隆公司购进发电机两台，货款暂欠，该业务的摘要应为"周浩购大隆公司发电机 2 台款未

付"，说明了何人购买（周浩），从何单位购买（大隆公司），购置何物（发电机），数量多少（2台），货款是否支付（未付），从摘要中全部反映了出来。如果只写"周浩购设备"，则太简单，不便于查询，也无法反映货款支付情况，必要时还要查阅原始凭证。

③ 分配工资及各项费用业务。根据职工薪酬准则，职工薪酬的范围包括职工工资、职工福利费、各项社会保险费、工会经费、职工教育经费以及其他相关支出。如某企业在9月中旬根据工资表，对工资进行分配，其摘要为"分配9月份应发工资"，借记"生产成本"、"管理费用"，贷记"应付职工薪酬"。在根据工资总额的一定比例计算各项费用后，摘要为"计提9月份养老保险费"、"计提9月份失业保险费"等，会计科目同上，只是明细科目不同。"计提"取"计算并提取"之义，比单纯用计算或提取都要合适。

此外，养老保险费、失业保险费、医疗保险费、住房公积金等项目有一部分从个人工资中代扣，则借记"应付职工薪酬"，贷记"其他应付款"，其摘要为"代扣9月份养老保险费"、"代扣9月份失业保险费"等，与提取费用的摘要加以区别。在实际交纳时，摘要也应分别填写，比如："付9月份计提养老保险费"，"付9月份代扣养老保险费"，这样即可从摘要上一目了然地看出企业负担的费用和个人负担的费用。

四、实验设计

1. 在账簿中书写下列数字

（1）567.50。

（2）1 600 020。

（3）6 790.03。

（4）458.88。

（5）97 458 806.65。

2. 把下列数字小写金额改写成大写金额

（1）¥248.65。

（2）¥750.00。

（3）¥2 030.80。

（4）¥16 500.89。

（5）¥346 800.02。

3. 把下列大写金额改写成小写金额

（1）人民币贰仟零肆拾玖元伍角整。

（2）人民币柒仟零捌元贰角柒分。

（3）人民币贰仟柒佰捌拾元陆角贰分。

（4）人民币贰万陆仟肆佰零玖元零叁分。

（5）人民币陆佰叁元整。

五、实验资料准备

带格线账页一张。

实验二 原始凭证的填制与审核

一、实验目的

通过实验使学生明确原始凭证的含义，掌握原始凭证的基本内容及填制方法，学会审核各类原始凭证。

二、实验内容

根据企业发生的经济业务填制各类原始凭证。

三、实验操作知识准备

（一）原始凭证的含义及种类

原始凭证又称单据，是在经济业务发生或者完成时取得或填制的，用以记录、证明经济业务已经发生完成的原始证据，是进行会计核算的原始资料和重要依据。它记载着大量经济信息，是证明经济业务发生的初始文件，具有很强的法律效力。通常，原始凭证是在经济业务发生时直接获取或填制的，所以就会计核算而言，它是一种很重要的凭证。

1. 原始凭证按其与证明的经济业务的关系划分

1）证明货币资金收付业务的主要原始凭证

货币资金收付业务的主要原始凭证有支票、委托银行收款结算凭证、汇兑结算凭证、银行汇票结算凭证、托收承付结算凭证、收款收据等。

① 支票。支票是付款单位通知银行从其账户中支付款项的凭证。分为现金支票和转账支票两种，现金支票可以从银行支取现金，也可以转账；转账支票只能通过银行办理转账结算。

② 委托银行收款结算凭证。它是收款单位委托银行向付款单位收取款项时填制的一种结算凭证，该凭证分为委邮和委电两种。委邮是指收款单位选择邮寄划回，而委电则表示收款单位选择电报划回。

③ 汇兑结算凭证。汇兑是汇款人委托银行将其款项支付给收款人的结算方式，分为信汇、电汇两种。

④ 银行汇票结算凭证。它是企业采用银行汇票结算方式向外地采购材料汇出各种款项时，由企业和银行填制的结算凭证。

⑤ 托收承付结算凭证。托收承付是根据购销合同由收款人发货后委托银行向异地付款人收取款项，由付款人向银行承付款项的结算方式。

⑥ 收款收据。它是企业与企业、企业与个人之间发生商品交易或劳务供应时，由收款

单位或个人开具的，证明收到款项的原始凭证。企业收到外单位开具的收款收据时，如符合现金支付范围，可用现金支付；如不符合现金开支范围，则必须进行转账结算。

2）证明财产物资收发业务的主要原始凭证

（1）证明材料收发的原始凭证。

① 证明材料收入的原始凭证。按材料的来源渠道不同，可分为材料采购原始凭证和其他材料入库凭证。材料采购原始凭证包括："银行结算凭证"（如支票存根、委托银行收款结算凭证的收款通知、电汇委托书回单、信汇委托书回单等）；供货方开出的"发货票"、"增值税专用发票"；运输部门开出的"运单"；本企业填制的"收料单"。其他材料入库凭证包括："委托加工材料入库单"、自制材料完工交库和废料交库时填制的"材料交库单"等。

② 证明材料发出的原始凭证。证明材料发出的原始凭证主要有"领料单（或出库单）"、"限额领料单"等。因材料领发的次数频繁，因而涉及面广，为了简化手续，会计部门平时不必根据每张"领料单"或"领料登记表"填制记账凭证，而是到月末根据各种领料凭证汇总编制"发出材料汇总表"，并据以编制"材料费用分配表"，然后根据"发出材料汇总表"和"材料费用分配表"填制记账凭证。

（2）证明库存商品收发的原始凭证。

① 证明库存商品收入的原始凭证。库存商品收入的原始凭证主要是指"库存商品入库单"，它是完工合格产品入库的证明。凡是车间完工的产成品，都应由车间填写"库存商品入库单"，连同产成品送交产品检验部门，检验合格后，由检验人员填写检验结果再送交库存商品仓库点收，仓库保管员填写实收数量，最后由车间和仓库双方经手人签章。"库存商品入库单"一式三联：一联退回车间，一联留存仓库，一联交会计部门。企业入库的库存商品，大部分是由生产车间交送的，但也有购货单位退回交库的，这类业务可由销售部门填写红字发货票，作为入库的凭证。

② 证明库存商品发出的原始凭证。库存商品发出的原始凭证主要是指"发货通知单（即提货单）"，它是通知仓库和运输部门办理产品出库或发运手续的凭证。由于企业库存商品的发出主要是对外销售，因此，在实际工作中，为了简化手续，通常把库存商品出库凭证和销货发票结合起来，由销售部门填制一式多联的销货发票，其中提货联交提货人到仓库提货，作为仓库库存商品发出的原始凭证。

库存商品发出除对外销售外，也有本企业内部各单位领用，如果是车间因生产需要而领用本企业生产的产品，可以比照材料的领用手续填制领用凭证，办理库存商品的领发手续。如果是本企业在建工程，如固定资产新建工程、改扩建工程、大修理工程等领用本企业生产的产品，也可以使用提货单办理出库手续。

（3）证明固定资产收发的原始凭证。

证明固定资产收入的原始凭证主要有"支票存根"、"固定资产交付使用单"、"增值税专用发票"、"运单"、"固定资产盘盈盘亏报告单"等。"固定资产交付使用单"由固定资产管理部门、使用部门和财会部门共同验收签证，作为固定资产管理部门存查和财会部门入账的依据。

证明固定资产发出的原始凭证主要有"调拨单"、"报废单"等，这些原始凭证必须经企业领导及有关部门批准才能作为会计核算的合法凭证。

3）其他主要自制的原始凭证

① 证明工资结算与分配的自制原始凭证。主要有"工资结算表"、"工资结算汇总表"、"工资费用分配表"、"应付福利费的提取和分配表"等。

"工资结算表"是由车间、部门的工资核算员根据考勤记录、工资标准以及其他有关原始凭证，按每个职工分别计算应付工资、代扣款项和实发工资，并据以作为工资结算和支付的原始凭证。"工资结算表"应按月编制，通常一式三份，一份按每个职工裁成横条，连同工资一起发给职工，以便职工核对；一份在职工领取工资签名盖章后，作为支付工资的原始凭证；另一份交劳资部门存查，作为统计劳动工资的依据。

"工资结算汇总表"是财务部门根据车间、部门编制的工资结算表，按部门汇总计算应付工资、代扣款项和实发工资的原始凭证。

"工资费用分配表"是根据"工资结算汇总表"编制的。工资分配的去向，要根据工资的用途确定。

"应付福利费的提取和分配表"是财会部门根据工资结算汇总表中各车间、各部门的应付工资总额的一定比例计算提取的，按发生的地点、用途及各种产品产量、生产工人工资分配，用于职工福利方面的一项流动负债所编制的一种原始凭证。

② 证明成本核算的自制原始凭证。

证明成本核算的自制原始凭证主要有"发出材料汇总表"、"材料费用分配表"、"外购动力费计提和分配表"、"辅助生产费用分配表"、"辅助生产费用分配表"、"制造费用分配表"等。

"发出材料汇总表"是企业材料会计为了简化核算手续，平时定期对发料凭证，按各种材料的耗用和不同用途，分类进行汇总，到月末根据已汇总的发料凭证编制的一种凭证，据此进行材料发出的会计核算。

"材料费用分配表"是财会部门根据各种产品的产量记录、材料消耗或其他资料，将本月生产车间及其他各部门所耗用的各种材料费用，分配计入各种产品成本时编制的一种原始凭证。财会部门应据此登记生产成本明细账，登记产品成本计算单的有关成本项目。

"外购动力费计提和分配表"是财会部门根据各车间、部门耗用外购动力的数量、单价以及各种产品产量等资料，按用途在各车间、部门以及各种产品之间计提和分配，应由当月产品成本负担的外购动力费时编制的一种原始凭证。

"辅助生产费用分配表"是财会部门根据辅助生产车间对外提供的劳务总量，在各个受益车间和部门之间分配辅助生产费用时编制的一种原始凭证。

"制造费用分配表"是财会部门根据各种产品所耗用的生产工时、机器工时、产品的产量比例或工资，在各种产品之间分配制造费用时编制的原始凭证。

2. 原始凭证按其取得或填制的来源不同划分

原始凭证按其取得或填制的来源不同划分，可以分为外来原始凭证和自制原始凭证。

1）外来原始凭证

外来原始凭证是指在同外部单位发生经济往来关系时，获得外单位所开具的原始凭证。如购货时取得的各种发票，付款时所取得的收据，业务招待活动从饭店取得的服务员发票，职工出差取得的飞机票、火车票等。

2) 自制原始凭证

自制原始凭证是指由本单位内部经办经济业务的职能部门或人员，在经济业务发生或完成时自行填制的凭证。这类凭证供本单位内部使用。例如：材料、产成品、商品等入库时，由仓库保管人员填制的入库单；材料出库时，由业务人员填制的材料单；产品或商品销售时，由业务人员开出的提货单等。在实际工作中，为了满足会计核算的需要，还有许多各种各样的自制原始凭证，按其内容还可以分为下述几类。

① 一次性自制原始凭证。

在自制原始凭证中，大部分凭证的填制手续是一次完成的。通常办理一项经济业务就应该填制一次凭证，已填制凭证不能再次重复使用，这类自制原始凭证称为一次性凭证。

② 累计凭证。

在某些经济单位，为了连续反映某一时期内经常重复而又分次进行的特定业务，就需要在一张自制凭证中连续、累计填列该项特定业务的具体情况，此类凭证就是自制累计原始凭证，如限额领料单就是典型的累计凭证。限额领料单通常规定某种材料在某一期限内的领用额度，用料部门每次领料、退料时都要在限额领料单上逐笔记录、签章并结出限额的尚存余额。使用这种凭证，既可以做到对领用材料的事前控制，又可以减少凭证的填制手续。但是，此类凭证需要反复使用，因此必须建立在严格的凭证保管制度和材料收发手续的基础上。

③ 汇总原始凭证。

人们在实际工作中，为了集中反映某项经济业务的总体情况，同时考虑到简化记账凭证的填制工作，往往将一定时期内若干记录同类经济业务的原始凭证汇总编制成一张原始凭证，此类原始凭证就是汇总原始凭证，如某种材料入库汇总表、发出材料汇总表、商品销售货物汇总表等等。这里还应该强调的是汇总原始凭证的内容只能是同类经济业务，不能汇总两类以上的经济业务。

（二）原始凭证填制规范

1. 反映要真实

在填制原始凭证时，应使凭证上所记载内容同发生业务的实际情况保持一致，即凭证上的日期、经济业务内容和数据必须按照经济业务的实际发生或完成情况来填制，保证其真实、可靠，不得填写匡算或估计数。原始凭证作为具有法律效力的证明文件，不允许在原始凭证的填制中有任何歪曲和弄虚作假行为。

2. 内容要完整

在反映经济业务的相应原始凭证上，按照凭证已有的项目或内容，逐项填列，即应该填写的项目要逐项填写，不可缺漏；年、月、日要按照填制原始凭证的实际日期填写；名称要写全，不能简化；品名或用途要填写明确；有关人员的签章必须齐全。

3. 手续要完备

经办业务的单位、经办人员要对原始凭证认真审核并签章，以对凭证的真实性、合法性负责。按规定，从外单位取得的原始凭证，必须盖有填制单位的公章；从个人取得的原始凭证，必须有填制人员的签名或者盖章。自制原始凭证必须有经办部门负责人或其指定人员的签名或盖章。对外开出的原始凭证，必须加盖本单位的公章。该公章应是具有法律效力和规定用途，能够证明单位身份和性质的印鉴，如业务公章、财务专用章、发票专用章、收款专用章或结算专用章等。

4. 书写要清楚、规范

原始凭证上的数字和文字，字迹要清楚、整齐和规范，易于辨认。例如，阿拉伯数字应当一个一个地写，不得连笔写；汉字大写数字金额如零、壹、贰、叁、肆、伍、陆、柒、捌、玖、拾、佰、仟、万、亿等，一律用正楷或者行书体书写，不得用简化字代替；所有以元为单位的阿拉伯数字，除表示单位等情况外，一律填写到角分；无角分的，角位和分位写"00"，或者符号"一"；有角无分的，分位应当写"0"，不得用符号"一"代替。

5. 填制要及时

所有经办业务的部门和人员，在每项经济业务发生或完成后，必须及时填制原始凭证，做到不拖延、不积压，按照规定的程序及时送交会计机构，以保证会计核算工作的正常进行。一般来说，填制或取得的原始凭证送交会计机构的时间最迟不应超过一个会计结算期。

6. 其他要求

（1）凡填有大写和小写金额的原始凭证，大写与小写的金额必须相符。

（2）购买实物的原始凭证，必须有验收证明。实物购入后，要按照规定办理验收手续，以明确经济责任，保证账实相符。

（3）一式几联的原始凭证，必须注明各联的用途，并且只能以一联用作报销凭证；一式几联的发票和收据，除外本身具备复写功能的，必须用双面复写纸套写，并连续编号。作废时应加盖"作废"戳记，连同存根一起保存。

（4）发生销货退回及退还货款时，必须填制退货发票，附有退货验收证明和对方单位的收款收据，不得以退货发票代替收据。

（5）单位人员公出借款的收据，必须附在记账凭证之后。借款收据是此项借款业务的原始凭证，是办理有关会计手续、进行相应会计核算的依据。在收回借款时，应当另开收据或者退还借款收据的副本，不得退还原借款收据。因为借款和收回借款虽有联系，但又有区别，在会计上需要分别进行处理，如果将原借款收据退还借款人，就会损害会计资料的完整性，使其中一项业务的会计处理失去依据。

（三） 原始凭证的审核

对原始凭证进行审核，是确保会计资料质量的重要措施之一。《中华人民共和国会计法》明确规定："会计机构、会计人员必须对原始凭证进行审核，并根据经过审核后的原始凭证编制记账凭证。"

1. 原始凭证审核的内容

（1）真实性审核。审核凭证所反映的内容是否符合所发生实际经济业务的情况，数据、文字有无伪造、涂改、重复使用情况，各联之间数额有无不符情况等。主要包括：经济业务的双方当事单位和当事人必须是真实、合法的；经济业务发生的时间地点和填制日期必须是真实的；经济业务的内容和"量"必须是真实的。"量"是指实物量和价值量。

（2）完整性审核。完整性审核的目的是确定原始凭证的编制是否符合要求，各个项目内容是否填写齐全，数字是否正确。要查看原始凭证的各项指标是否完整，名称、商品规格、计量单位、数量、单位、大小写金额和填制日期的填写是否正确、清晰。

（3）合法性审核。合法性审核的内容包括：一是原始凭证生成程序的合法性，如企业或个人（具有营业执照的个体户）出具的营业凭证（如发票、运费收据、劳力费收据等）必须是经税务机关批准印制的。购买实物的原始凭证必须附有验收证明以确认实物已经验收入库；二是审查原始凭证所反映的经济业务有无违反财经制度的规定，有无不按计划、预算办事的行为，资金使用是否符合规定，是否扩大了成本费用、开支范围，财产物资的收发、领退是否按照规定办理手续。

2. 原始凭证审核后的处理

对原始凭证经过审核后，应根据不同的审核结果，进行不同的审核后处理。

（1）对于内容合法、合理、完整、正确的原始凭证，按规定办理会计手续，据以填制记账凭证，并将原始凭证作为附件贴于记账凭证后面，以备查核。

（2）对于内容合法、合理而记载不准确、不完整的原始凭证，按规定暂缓办理会计手续，将原始凭证退回业务经办单位或人员，责成改正凭证记录的错误。经责任单位和有关人员更正错误后，对更正后的凭证进行复审，确定无误后准予办理会计手续。

（3）对于内容完整、正确而不合法、不合理的原始凭证，按规定拒绝办理会计手续，并向单位负责人报告。对于弄虚作假、营私舞弊、欺骗上级等违法乱纪行为应依据法律规定，坚决拒绝执行，并向有关方面反映情况。

四、实验设计

1. 增值税专用发票的填制

（1）业务资料如下。

20××年10月5日，东方工厂向大兴公司销售A产品1 000件，单价20元，增值税税率为17%，货款已经收到并存入银行。（东方工厂纳税登记号210114725691378，开户银行及账号：工商银行大东支行，9558801001165024085，大兴公司纳税登记号224000040075832，开户行及账号：中国建设银行开发区支行，4030110001213412，其他信息略。增值税专用发票一般为防伪税控系统机开票，打印一式三联，为学生实验需要，要学生手写。）

（2）根据上列业务填制"增值税专用发票"。

（3）填写要点提示如下。

增值税专用发票日期按销售业务发生或完成日期填制；购货单位和销货单位的各项基本信息要填列完整；单位应填写货物或应税劳务的不含增值税价格。单价的尾数，"元"以下一般保留到"分"。填写销售货物或者应税劳务所适用的增值税税率为17%或13%。一般纳税人实行简易办法计算缴纳增值税的货物，税率一栏填写6%。空白金额栏用自左下角到右上角的斜线或倒"S"线注销。

增值税专用发票分为四联：第一联为存根联，由销货方留存备查；第二联为发票联，购货方用作付款的记账凭证；第三联为税款抵扣联，购货方用作扣税凭证；第四联为记账联，销货方用作销售的记账凭证。

北京增值税专用发票

发票联

1011091666

No: 12971146

开票日期：　　年　月　日

购货单位	名　　称：		密码区	7 < 3 −9/ ≠3 >90 +9 +77 >5 + ≠ 加密版本:01
	纳税人识别号：			−158 ≠? +78? 33 <9 −79834 ≠ 1100542140
	地　址、电话：			20 >94 >415 −2 *0 *9 −844 <2 12971146
	开户行及账号：			? 46 + *56 > >2 * + +624 + > > *6

货物或应税劳务	规格型号	单　位	数　量	单　价	金　额	税　率	税　额
合计							

税合计（大写）		（小写）￥

销货单位	名　　称：		备注	结算方式：转账支付
	纳税人识别号：			
	地　址、电话：			
	开户行及账号：			

收款人：　　　　复核：　　　　开票人：　　　　销货单位：（章）

第二联 发票联购货方记账凭证

2. 普通发票的填制

（1）业务资料如下。

20××年11月5日，文化大楼向财会专科学校销售账本500本，单价5元，货款已经收到并存入银行。文化大楼营业员吴红为财会专科学校开出普通发票一张，并由款台收款员刘丹办理现金收款手续。

（2）根据上列业务填制"普通发票"。

（3）填写要点提示如下。

普通发票应在经营收入确认的当期开具发票，不得虚开或不开日期。购货单位应写全称，不得以简称或其他文字、符号等代替单位全称。商品名称、单位、规格、数量、单价各栏应根据实际货品情况认真填写，金额栏应按数量与单价相乘结果计算正确后再填写。单价和金额的尾数，"元"以下一般保留到"分"。

普通发票一式三联：第一联为存根联，由收款方留存备查；第二联为发票联，由付款方作付款的记账凭证；第三联为由收款方作业务收入的记账凭证。

辽宁省商业零售统一发票（发票联）

购货单位：　　　　　　　　年　月　日　　　　　　　　No:

商品名称	单位	规格	数量	单价	金额	备注
						现金付讫
合计						

人民币（大写）	万　仟　佰　拾　元　角　分	￥

开票人：　　　　　　　　收款人：　　　　　　　　销货单位：（印章）

3. 领料单的填制

（1）业务资料如下。

20××年10月12日，三友电机厂基本生产车间从第一仓库领用甲材料100千克，用于产品生产。领料人张诚，发料人李东，审核人马跃，仓库主管赵大力。

（2）根据上列业务填制"领料单"。

（3）填写要点提示如下。

领料单是由领用材料的部门或者人员根据所需领用材料的数量填写的单据。其内容有领用日期、材料名称、单位、数量、金额等。为明确材料领用的责任，领料单除了要有领用人的签名外，还需要主管人员的签名和保管人的签名等。领料单所列项目应逐项填写，不可缺漏；所有联次一次填制完成，并保证其内容和金额一致，手续齐备。领料单要用蓝色或黑色墨水钢笔或碳素笔填写，不得使用铅笔及圆珠笔。生产车间或其他部门领用材料时，应立即填制本凭证，做到不积压，不事后补制。应按照编号的次序使用，不得跳号使用。如填写有误，应另行开具，并在误填的原始凭证上注明"误填作废"字样，将所有联次的作废凭证一同保存。

领料单日期填写发出材料的当天日期；领用单位和发料仓库如实填写；材料类别、编号、名称、规格按材料台账如实填写；金额一栏按实领数量乘以单价计算填列。

领料单一式三联：第一联为存根联，由仓库部门留存备查；第二联为会计记账联，由会计部门作为材料出库的入账凭证；第三联为领料单位留存联，由领料单位保管并留存备查。

领料单　　　　　　　第　号

领料单位：　　　　　　　　　　　年　月　日　　　　　　　　发料仓库：

用途	材料类别	材料编号	材料名称	规格	计量单位	数量		单价	金额
						请领	实领		
备注					合计				

仓库主管：　　　　　审核：　　　　　　　领料：　　　　　　　发料：

4. 收料单的填制

（1）业务资料如下。

20××年9月6日，三友电机厂从大洋钢铁厂购入钢材200吨，每吨1万元，并办理入库，采购员张帅，验收员王亮，仓库制单员李萍，仓库主管赵大力。

（2）根据上列业务填制"收料单"。

（3）填写要点提示如下。

收料单是企业购进材料验收入库时，由仓库保管人员根据购入材料的实际验收情况而填制的一次性原始凭证。企业外购材料，都应履行入库手续，由仓库保管人员根据供应单位开来的发票账单，严格审核，对运达入库的材料认真计量，并按实收数量认真填制收料单。收料单所列项目应逐项填写，不可缺漏；所有联次一次填制完成，并保证其内容和金额一致，手续齐备。收料单要用蓝色或黑色墨水钢笔或碳素笔填写，不得使用铅笔及圆珠笔。材料验收入库时，应立即填制本凭证，做到不积压，不事后补制。应按照编号的次序使用，不得跳号使用。如填写有误，应另行开具，并在误填的原始凭证上注明"误填作废"字样，将所有联次的作废凭证一同保存。

收料单日期应填写材料验收入库的当天日期，材料类别、库别按单位材料所属大类和仓库大类填写。材料编号、名称、规格及型号按发票并与验收入库材料实际情况相核对后填写。数量栏填写入库材料的实际数量，正确填写计量单位。"应收"数量应填写合同（订制单）中所计划购入的数量，"实收"填写此次验收入库的实际数量，买价"金额"填写发票上的实际买价金额（一般纳税人的应填写不含增值税的买价），"运杂费"应填写付给运输等相关部门的实际费用。"请购单位"、"供应单位"要如实填写，"单据号码"填写发票号码、订制单等内容。签名盖章中应由经办部主管、验收人、采购业务员签名或盖章。

验收单（收料单）

类别：　　　　　　　　　　　　　　　　　　　　　　　　　No
库别：　　　　　　　　年　月　日　　　　　　　　　　　单位：元

材料编号	名称	规格及型号	计量单位	数量		实际成本				
				应收	实收	买价		运杂费	其他	合计
						单价	金额			
请购单位			供应单位				单据号码			
备注										

仓库主管：　　　　　　验收：　　　　　　采购：　　　　　　制单：

收料单一式三联：第一联为存根联留仓库，据以登记材料物资明细账和材料卡片；第二联为会计记账联，随发票账单到会计处报账；第三联为留存联，由采购人员存查。

5. 借款单的填制

（1）业务资料如下。

20××年6月7日，供应部门采购员张虹到贵阳出差预借差旅费2 000元，时间为4天，事由为采购原材料，部门经理王磊，总经理张诚，财务负责人李楠。

（2）根据上列业务填制"借款单"。

（3）填写要点提示如下。

企业职工为公出差借款，要填写借款单并经各级批示，方可到财会部门领取借款。

借款单部门应填写出差人所在部门，日期填写借款当日日期，公出事由简单填列。"借款金额"应按出差路费、住宿费及所交其他费用之和的大概合计数计算填列。"公出时间"按开始和返回全本单位时间填列，"乘坐交通工具"按预定车票为准，"往返路线"要写清去和回所经过的城市。借款单一般按单位财务制度规定由部门领导、主管领导和财务负责人审批签字。

借款单一式三联：第一联是存根联，由财务部门留存；第二联是记账联，由财务部门用作记账依据；第三联是员工取款联。第三联可以在报销时一同附上交财务部，证明此报销款项是冲上次预支款。

公出审批及借款单

部门：　　　　　　　　　　　　　　年　　月　　日

姓名		公出地点		
一同前往人数及姓名				
公出事由		借款金额		
公出时间	年　　月　　日至　　年　　月　　日共　　　天			
乘坐交通工具				
往返路线				
	部门领导	主管领导		财务负责人

6. 差旅费报销单的填写

（1）业务资料如下。

20××年10月15日，技术员王琳从上海出差回来报销差旅费，出差前原预借差旅费2 000元，出差10天。（软硬卧车票计1 020元，住宿费每天80元，共计8天，市内交通费每天3元，伙食补助每天25元。）

（2）根据上列业务填制"差旅费报销单"。

（3）填写要点提示如下。

企业职工为公出差所花费的费用要在出差归来后按实际所花费金额到企业报销，报销时要填写差旅费报销单。差旅费报销单要用蓝色或黑色墨水钢笔或碳素笔填写，不得使用铅笔及圆珠笔。出差人员应在出差当月，及时填制本凭证，并办理报销手续，做到不积压，不事后补制。

差旅费报销单部门应填写报销人所在部门或单位；日期应填写办理报销手续当天的日期。出发日期和到达日期及地点应与所附车船票等日期、地点相符。各项补助均按单位财务制度规定以"日补助额×出差天数"计算公出补助金额。如实简单填写出差事由。如果出差前有借款的，应在"原借差旅费"一栏填写借款金额，报销金额填写此次报销的合计金额，如有剩余金额填写在"剩余交回"一栏。签字部分按单位财务制度规定分别由审批人（部门领导、单位领导）、会计主管进行签字。附件张数根据所附原始凭证张数填列。

差旅费报销单

部门：　　　　　　　　　　　　　　年　　月　　日　　　　　　　　　金额单位：元

起日		止日		合计天数	各项补助费										车船杂支费								合计金额	
					伙食补助			住宿补助			未买卧铺补助			夜间乘硬座超过12小时补助	火车费	汽车费	轮船费	飞机费	市内交通费	住宿费	其他杂支			
月	日	月	日		天数	标准	金额	天数	标准	金额	票价	标准	金额											附件
																							张
合计人民币大写					万　　仟　　佰　　拾　　元　　角　　分																			
原借差旅费＿＿＿＿＿元					报销＿＿＿＿＿元				剩余交回＿＿＿＿＿元															
出差事由										出差人														

审批人签字：　　　　　　　　会计主管签字：　　　　　　　　领款人签字：

7. 支票的填制与审核

（1）业务资料如下。

20××年10月18日，成成超市签发转账支票偿还前欠味美食品有限公司的货款100 000元。单位主管吴玲，会计杨华。

（2）根据上列业务填制"转账支票"。

（3）填写要点提示如下。

支票是出票人签发，委托办理支票存款业务的银行或者其他金融机构在见票时无条件支付确定的金额给收款人或持票人的票据。常见支票有现金支票和转账支票两种，在支票正面上方有明确标注。现金支票只能用于支取现金（限同城内）；转账支票只能用于转账。各单位应在开户银行的账户或核准经费户的余额内签发支票，每张支票金额不能低于规定的起点100元。支票一律记名，可以提取现金也可以转账，但不得流通转让。

单位签发支票时，应使用碳素笔或黑色墨水钢笔按支票簿排定的页数顺序填写，字体不要潦草，也不要使用红色或易褪色的墨水。除"开户银行名称"、"签发单位账号"、"总字第 号 字 第 号"及"银行会计分录"四栏系不必填写外，其他各栏必须由签发单位填写清楚，并应注意下列几点。

① 签发日期应填写付款业务发生的实际出票日期，不得补填或预填日期。出票日期必须大写。年：年份按阿拉伯数字表示的年份所对应的大写汉字书写。月：壹月贰月前"零"字必须写，叁月至玖月前零字可不写。拾月至拾贰月必须写成壹拾月、壹拾壹月、壹拾贰月。日：1日至9日、10日、20日、30日前应加"零"字；11日至19日必须写成壹拾×日，21至29日应写成贰拾壹日至贰拾×日，31日应写成叁拾壹日。

② 支票金额应正确填写，大、小写金额必须填写齐全，如有错误不得更改，应另行签发，其他各栏填错时可在改正处加盖"预留印鉴之一"，予以证明。在小写金额前应加填金额符号"￥"封顶，一律填写到角分；无角分的，角位和分位可写"00"；有角无分的，分位可写"0"。汉字大写数字必须写为零、壹、贰、叁、肆、伍、陆、柒、捌、玖、拾、佰、仟、万、亿等，一律用正楷字或者行书体书写，不得用简化字代替。大写金额数字到元角为止的，在"元"或"角"字之后应写"整"或者"正"字，不得写为"零角零分"或"零分"；大写金额数字有分的，"分"字后面不写"整"或者"正"字。大写金额栏货币名称与金额数字之间不得有空白；大小写金额应相符。

③ 现金支票收款人可写本单位名称，此时现金支票背面"被背书人"栏内加盖本单位的财务专用章和法人章，之后收款人可凭现金支票直接到开户银行提取现金。现金支票收款人可写为收款人个人姓名，此时现金支票背面填上身份证号码和发证机关名称，凭身份证和现金支票签字领款。转账支票收款人应填写为对方单位名称。转账支票背面本单位不盖章。

④ 支票应加盖出票单位银行预留印鉴，一般为财务专用章和法人章，缺一不可，印泥为红色，印章必须清晰，印章模糊则本张支票作废，需要换一张重新填写重新盖章。

⑤ 作废的支票，不得扯去，应由签发单位自行注销，与存根折在一起注意保管，在结清销户时，连同未用空白支票一并交还银行。

⑥ 存根联中附加信息栏一般填写付款人的账号。"出票日期"小写填写出票日期。"收款人"应填写收款单位全称，不得简写。"金额"小写填写付款金额。"用途"填写和正票

内容一致的支票用途。现金支票用途有一定限制,一般填写"备用金"、"差旅费"、"工资"、"劳务费"等。转账支票没有具体规定,可如实填写"货款"、"代理费"等等。

⑦ 现金支票一般只有一联,分为存根和取款凭证。单位签发现金支票后,留下存根,作为证明现金收入和银行存款付出的原始凭证,持取款凭证向银行提取现金。

中国工商银行 转账支票存根（辽） ⅩⅡ 20501972 附加信息_____ _____ 出票日期　年　月　日 收款人： 金　额： 用　途： 单位主管　　会计	本支票付款期限十天	中国工商银行转账支票（辽）　　　　　　ⅩⅡ 20501972 出票日期（大写）　　　年　月　日　　付款行名称： 收款人：　　　　　　　　　　　　　出票人账号： 人民币 （大写） 用途_____ 上列款项请从 我账户内支付 出票人签章

转账支票一般也只有一联,分为存根和付出凭证。付款单位签发转账支票后留下存根,作为证明货币资金付出的原始凭证(存根上应有收款单位的签章)。付出凭证交收款单位,收款单位据此填制"进账单"送存开户银行,经银行盖章后退回的"进账单"回单,作为货币资金收入的原始凭证。

8. 银行汇票的填制

(1) 业务资料如下。

20××年10月22日,委托银行签发银行汇票一张,面值500 000元,用以到南京采购材料。(申请单位:鑫鑫木器加工厂,开户行:工商银行顺城支行,账号:6222023301022224345;收款单位:南京海虹公司,开户行:南京市建行河东分行,账号:4367420032310188589)

(2) 根据上列业务填制"银行汇票"。

(3) 填写要点提示如下。

银行汇票是汇款人将款项交存当地银行,由银行签发给汇款人持往异地办理转账结算或支取现金的票据。汇款人可以是单位、个体经营户或者个人。银行汇票一般为机制打印,也可用蓝色或黑色钢笔或碳素笔填写,不得使用铅笔及圆珠笔。涂改或更改汇票签发日期、收款人、汇款大写金额及汇票残损、污染严重无法辨认的银行汇票,银行不予支付。

银行汇票申请书的填写分三联:第一联为存根联,由申请人留存;第二联为借方凭证,提交银行,为出票行开出本票时的借方凭证。如为交现金办理本票的,本联注销;第三联为申请人开户银行作汇出款项的贷方凭证。银行汇票申请书按申请书内容依次填写申请人及收款人名称、开户银行名称、账号、大小写金额,对方科目应填写收款人的账号。如果申请人在签发银行开立账户的,应在"银行汇票申请书"第二联加盖预留银行印鉴。申请人和收款人都是个体经营户或个人时,可申请提取现金的银行汇票,在申请书"汇票金额"栏先填写"现金"字样,后填写汇票金额。

银行汇票"出票日期"应填写付款业务发生的实际出票日期，不得补填或预填日期。出票日期必须大写。年：年份按阿拉伯数字表示的年份所对应的大写汉字书写。月：壹月贰月前"零"字必须写，叁月至玖月前"零"字可不写。拾月至拾贰月必须写成壹拾月、壹拾壹月、壹拾贰月。日：1 日至 9 日、10 日、20 日、30 日前应加"零"字；11 日至 19 日必须写成壹拾×日，21 日至 29 日应写成贰拾壹日至贰拾×日，31 日应写成叁拾壹日。

用于支取现金的银行汇票，其收款人为个人姓名。用于转账的银行汇票应填写为对方单位名称或个人姓名。收款人名称与收款人在开户银行开户时预留的单位名称或个人身份证上的名称相一致，否则银行不予付款。如用于转账的银行汇票，应填写收款人的转账账号。出票金额为银行汇票金额。实际结算金额不得高于银行汇票金额。

银行汇票的填写一式三联：第一联为汇出汇款卡片，由签发行结清汇票时作汇出款项付出传票；第二联为银行汇票，与第三联解讫通知一并由汇款人自带，在兑付行兑付汇票后此联作联行往来账付出传票；第三联为解讫通知，在兑付行兑付后随报单寄签发行，由签发行作余款收入传票。

中国工商银行 银行汇票（存根）　　3　　本票号码

出票日期（大写）　　　　　　　　　　　年　月　日　　　　　　　　　　第　号

出票人全称		收款人	全称											
出票人账号			账号											
付款行全称			开户银行										行号	
汇票金额	人民币（大写）				千	百	十	万	千	百	十	元	角	分
汇票到期日（大写）			承兑协议号码											
本汇票请你行承兑于到期日无条件付款。 出票人盖章 年　月　日		本汇票已经承兑，到期日由本行付款。 承兑行签章 承兑日期　年　月　日		科目（借） 对方科目（贷） 转账日期　年　月　日 复核　　记账											
备注：														

（竖排：此联出票人存查）

9. 商业汇票的填制

（1）业务资料如下。

20××年 10 月 23 日，鑫鑫木器加工厂签发商业承兑汇票一张，用以偿还前欠上海宏大公司的货款 200 000 元。（付款单位：鑫鑫木器加工厂，开户行：工商银行顺城支行，账号：6222023301022224345；收款单位：上海宏大公司，开户行：上海市建行河东分行，账号：31001559233259010192）

（2）根据上列业务填制"商业承兑汇票"。

（3）填写要点提示如下。

商业汇票是指由付款人或收款人（或承兑申请人）签发，由承兑人承兑，并于到期日向收款人或被背书人支付款项的一种票据。所谓承兑，是指汇票的付款人愿意负担起票面金额的支付义务的行为，通俗地讲，就是它承认到期将无条件地支付汇票金额的行为。商业汇票按其承兑人的不同，可以分为商业承兑汇票和银行承兑汇票两种。商业承兑汇票是指由收款人签发，经付款人承兑，或者由付款人签发并承兑的汇票；银行承兑汇票是指由收款人或承兑申请人签发，并由承兑申请人向开户银行申请，经银行审查同意承兑的汇票。

　　商业汇票一般为机制打印，也可用蓝色或黑色钢笔或碳素笔填写，不得使用铅笔及圆珠笔。涂改或更改商业承兑汇票签发日期、收款人、汇款大写金额及汇票残损、污染严重无法辨认的，银行不予受理且不予支付。

　　付款人名称应填写其在开户银行开户时预留的单位名称，否则银行不予付款。账号应填写付款人开户账号。开户银行和行号一栏填写开付款人开户银行名称及行号。收款人名称应填写其在开户银行开户时预留的单位名称，否则银行不予付款。账号应填写收款人开户账号。开户银行和行号一栏填写开收款人开户银行名称及行号。本例中以商业承兑汇票为例进行讲解和练习。

　　商业承兑汇票分三联：第一联为承兑人（付款人）留存联，到期支付款项时作借方凭证附件；第二联收款人开户银行随结算凭证寄付款人开户行作付出传票附件；第三联为签发人存查联。

中国工商银行 商业承兑汇票　　3　　本票号码

出票日期（大写）		年　月　日		第　　号

出票人全称		收款人	全称	
出票人账号			账号	
付款行全称			开户银行	行号

汇票金额	人民币（大写）		千 百 十 万 千 百 十 元 角 分

汇票到期日（大写）		交易合同号码	

收款人开户银行（盖章）　复核　会计	汇票签发人（盖章）　负责　经办	科目（借）　对方科目（贷）　转账日期　年　月　日　复核　记账

| 备注： | | |

（右侧竖排：此联出票人存查）

10. 汇兑凭证的填制

（1）业务资料如下。

20××年4月26日，鑫鑫木器加工厂从吉林白城木材厂购入木材一批，价款300 000元，采用汇兑结算方式付款。（付款单位：鑫鑫木器加工厂，开户行：工商银行顺城支行，账号：6222023301022224345；收款单位：吉林白城木材厂，开户行：长春市建行南关分行，账号：4366420332310188789）

（2）根据上列业务填制"汇兑凭证"。

（3）填写要点提示如下。

汇兑是汇款人委托银行将其款项支付给收款人的一种结算方式，按凭证传送方法不同可以分为信汇和电汇两种。

汇兑凭证用蓝色或黑色钢笔或碳素笔填写，不得使用铅笔及圆珠笔。

汇兑凭证的汇款人可以为单位或个人。汇款人名称应填写其在开户银行开户时预留的单位名称，否则银行不予付款。账号应填写汇款人开户账号。开户银行和行号一栏填写汇款人开户银行名称及行号。汇兑凭证的收款人可以为单位和个人。汇兑凭证上记载收款人为个人的，收款人需要到汇入行领取汇款，汇款人应在汇兑凭证上注明"留行待取"字样。收款人名称应填写其在开户银行开户时预留的单位名称，否则银行不予付款。账号应填写收款人开户账号。开户银行和行号一栏填写收款人开户银行名称及行号。

汇款人和收款人均为个人，需要在汇入银行支取现金的，应在信、电汇凭证的"汇款金额"栏，先大写填写"现金"，后填写汇款金额。

汇兑凭证一式三联：第一联为回单联，由汇出行受理汇兑业务后退给汇款人作入账依据；第二联由汇出行作借方凭证；第三联由汇出行凭以汇出款项。

中国工商银行 电汇凭证（回单）　　1

委托日期：　年 月 日　　　　　　　　　　　　　　第 0025 号

汇款人	全称		收款人	全称			千	百	十	万	千	百	十	元	角	分	
	账号			账号													
	汇出地点	汇出行名称及行号		汇入地点	汇入行名称及行号												

汇票金额　人民币（大写）

汇款用途　　　　　　　　　汇出银行盖章

单位主管　会计　复核　　　　　年 月 日
记账

11. 托收承付凭证的填制

（1）业务资料如下。

20××年4月26日，鑫鑫木器加工厂向广州家居商场销售家具一批，价款500 000元。采用托收承付结算方式收款，款已托收并收到，采用电划方式收款。（收款单位：鑫鑫木器加工厂，开户行：工商银行顺城支行，账号：6222023301022224345；付款单位：广州家居商场，开户行：广州市建行白云分行，账号：6227005528203001089）

（2）根据上列业务填制"托收承付凭证"。

（3）填写要点提示如下。

托收承付凭证用蓝色或黑色钢笔或碳素笔填写，不得使用铅笔及圆珠笔。托收承付委托收款可以采用邮划和电划两种方式，在备注栏中填写所采用的收款方式。

收款人名称应填写其在开户银行开户时预留的单位名称，否则银行不予付款。账号填写收款人开户账号。付款人要填写付款人全称、开户银行名称及账号。账号户名与付款人名称必须一致。

托收承付凭证一式五联：第一联为回单联，是收款人开户行给收款人的回单；第二联为委托凭证，是收款人委托开户行办理托收款项后的收款凭证；第三联为支付凭证，是付款人向开户行支付货款的支款凭证；第四联为收款通知，是收款人开户行在款项收妥后给收款人的收款通知；第五联为承付（支款）通知，是付款人开户行通知付款人按期承付货款的承付（支款）通知。（本例中以第一联和第四联为例）

托收承付凭证（回单）　　　1

委托日期：　　　　　　　　年　月　日　　　　　　　　　　　　No　20××1102

收款人	全　称		付款人	全　称		百	十	万	千	百	十	元	角	分
	账　号			账　号										
	开户银行			开户银行										
委托收款金额	人民币（大写）													
附寄单据	4	商品发运情况		铁路货运		合同号码			5675					

备注：电划	本托收款项随附有关单证等件，请予办理托收。 收款人盖章 年　月　日	科目（借） 对方科目（贷） 汇出行汇出日期 　　　　年　月　日 复核　　　记账 收款人开户银行收到日期 　　　　年　月　日

此联是银行给收款人的回单

中国工商银行　托收承付凭证（承付收账通知）　　　4

委托日期：　　　　　　　　年　月　日　　　　　　　　　　　　No　20××1102

收款人	全　称		付款人	全　称		百	十	万	千	百	十	元	角	分
	账　号			账　号										
	开户银行			开户银行										
委托收款金额	人民币（大写）													
附寄单据	4	商品发运情况		铁路货运		合同号码			5675					

备注：电划	本托收款项已由付款人开户行全额划回并收入你方账户。 收款人开户银行盖章 20××年9月15日	科目（借） 对方科目（贷） 汇出日期　　年　月　日 单位主管　　　会计 复核　　　记账

此联是银行给收款人的回单

12. 现金交款单的填制

（1）业务资料如下。

20××年10月31日，鑫鑫木器加工厂出纳将零星收入的现金货款1 000元存入银行。其中：100元币4张，50元币4张，10元币20张，5元币20张，2元币25张，1元币25张，5角币50张。（交款单位：鑫鑫木器加工厂，开户行：工商银行顺城支行，账号：6222 023301022224345，交款人：孙晓文）

（2）根据上列业务填制"现金交款单"。

（3）填写要点提示如下。

现金交款单是在银行柜面，把现金存入指定账户时填写的原始凭证。现金交款单应按内容逐项填写，交款单位一定要写全称，开户银行和账号要填列准确。交款人可以写经办人等。款项来源按实际来源填写，如是本单位的货款收入，应写为货款收入。

		券种	张数
中国工商银行 **现金交款单** 缴款日期： 年 月 日		百元	
		伍拾元	

	全 称	账 号	拾元	
交款单位			伍元	
	开户银行	款项来源	贰元	
			壹元	
人民币 （大写）			伍角	
			贰角	
			壹角	
现金收讫		出纳复核员 出纳收款员 会计复核员 会计记账员	伍分	
			贰分	
			壹分	
			合计	

13. 银行进账单的填制

（1）业务资料如下。

20××年12月3日，东北制药厂销售药品"感冒胶囊"给大众健康大药房，价款20 000元，增值税3 400元，收到大众健康大药房转账支票一张，填"进账单"入账。（单位名称：东北制药厂，开户行：工商银行四方区支行，账号：6222022203042765389，单位主管：李军，会计：杨娜；大众健康大药房，开户行：工商行五里区支行，账号：6222567708096702763）

（2）根据上列业务及所收到的转账支票填制"银行进账单"。

（3）填写要点提示如下。

银行进账单是持票人或收款人将票据款项存入收款人银行账户的凭证，也是银行将票据款项记入收款人账户的凭证。

持票人填写银行进账单时，必须清楚地填写票据种类、票据张数、收款人名称、收款人开户银行及账号、付款人名称、付款人开户银行及账号、票据金额等栏目，并连同相关票据一并交给银行经办人员。进账单上填列的收款人名称、账号、金额等内容均不得更改，其他项目内容应根据所附支票的相关内容据实填列。

中国工商银行 转账支票存根（辽） ⅩⅡ 20501972 附加信息 04218910 出票日期 20××年12月3日 收款人：沈阳华海制药厂 金 额：234 000.00 用 途：收入 单位主管 李军 会计 杨娜	本支票付款期限十天	中国工商银行转账支票（辽） ⅩⅡ 20501972

中国工商银行转账支票（辽）　　　　　ⅩⅡ 20501972

出票日期（大写） 贰零零捌年壹拾贰月零叁日　　付行行名称：

收款人：　　　　　　　　　　　　　　出票人账号：04218910

人民币 （大写）	千	百	十	万	千	百	十	元	角	分
				¥2	3	4	0	0	0	0

用途_____　　　　　　　　　科目（借）

上列款项请从我账户内支付。　　对方科目（贷）

出票人签章

进账单与支票配套使用，可以一张支票填制一份进账单，也可以多张支票（不超过四笔）汇总金额后填制一份进账单。

银行进账单分为三联：第一联为给持票人的回单（即收账通知）；第二联为收款人开户银行的贷方凭证，进账单第二联最下端的磁码区域必须保持清洁，任何企事业单位或个人不得在此区域内书写或盖章，其目的、作用与支票相同；第三联为收款人开户银行交回收款人的收账通知。

中国建设银行 进 账 单（收账通知）　　3

20××年12月1日　　　　　　　　　　第001号

付款人	全　称		收款人	全　称											此联是银行给收款人的收账通知
	账　号			账　号											
	开户银行			开户银行	中国建设银行开发区支行										
						百	十	万	千	百	十	元	角	分	
人民币（大写）　　伍拾陆万元整															
票据种类			票据张数												
					收款人开户银行盖章										

14. 收据的填制

（1）业务资料如下。

大阳食品厂业务员张军出差回来报销差旅费，报销单据上所记费用共计2 685元，张军出差前曾向单位借款3 000元。单位财务主管李丽，收款人吴红。

（2）根据上列业务资料填写收回张军交回所剩现金的收款收据。

（3）填写要点提示如下。

收据主要是指财政部门印制的盖有财政票据监制章的收付款凭证，用于行政事业性收入，即非应税业务。一般没有使用发票的场合都应该使用收据，它是企业重要的原始凭证。收据也是收付款凭证，它有种类之分。至于能否入账，则要看收据的种类及使用范围。

收据可以分为内部收据和外部收据。企业为了内部成本核算或其他需要而自行印制或在账表商店购买的收款收据就是内部收据。企业的内部收据可以在内部成本核算过程中使用并以此入账，如职工借款归还、退还多余出差借款、保证金收讫等，但内部收据不能对外使用，否则不能入账，其作用相当于"白条"。所以一些地方的法规规定这些内部收据应当在收据的抬头下面注明"仅限内部使用，对外使用无效"的字样。

外部收据又分为税务部门监制、财政部门监制、部队收据三种。行政、事业单位发生的行政事业性收费，可以使用财政部门监制的收据。如防疫站收取防疫费，环保局收取环保费等等，都可以使用财政部门监制的收费收据作为合法的费用凭据。

收款收据日期可用阿拉伯数字填写，交填单位填列交来款项的单位（或个人）全称，金额应同时填写大小写。在附注中填写收款事项，最后加盖收款单位公章，由收款人签字，经手人处由交款人签名。

收款收据一式三联：第一联为存根联，由收款人或收款单位作为存根；第二联为收据联，交给付款人；第三联为记账联，交给财会部门记账使用。

收　据

20××年12月2日　　　　　　　　　　　　No：091201

今收到				第二联　记账
人民币（大写）			¥ _____	
事由：		现金：		
		支票：		
收款单位		财务主管	收款人	

15. 收料凭证汇总表的填制

（1）业务资料如下。

20××年6月份，北京达达机械厂采购材料时填制了下面6张材料入库单（即收料单）。（达达机械厂生产产品主料为合金钢和不锈钢，辅助材料为橡胶件）

收　料　单

供货单位：北京钢铁公司

凭证编号：20××0601

发票编号：　　　　　　　　　　20××年6月4日

收料仓库：1号库

材料名称	材料规格	计量单位	数量		金额/元			
			应收	实收	单价	买价	运杂费	合计
合金钢	略	吨	11	10	5 000	50 000	2 000	52 000
不锈钢	略	吨	15	15	20 000	300 000	6 000	306 000
合计								

收　料　单

供货单位：上海钢铁公司

凭证编号：20××0602

发票编号：　　　　　　　　　　20××年6月8日

收料仓库：1号库

材料名称	材料规格	计量单位	数量		金额/元			
			应收	实收	单价	买价	运杂费	合计
合金钢	略	吨	8	8	5 000	40 000	1 000	41 000
不锈钢	略	吨	10	10	20 000	200 000	4 000	204 000
合计								

收 料 单

供货单位：鞍山钢铁公司

凭证编号：20××0603

发票编号：

20××年6月14日

收料仓库：2号库

材料名称	材料规格	计量单位	数量		金额/元			
			应收	实收	单价	买价	运杂费	合计
合金钢	略	吨	6	6	5 000	30 000	1 000	31 000
橡胶件	略	吨	8	8	6 000	48 000	2 000	50 000
合计								

收 料 单

供货单位：鞍山钢铁公司

凭证编号：20××0604

发票编号：

20××年6月18日

收料仓库：1号库

材料名称	材料规格	计量单位	数量		金额/元			
			应收	实收	单价	买价	运杂费	合计
合金钢	略	吨	3	3	5 000	15 000	2 000	17 000
不锈钢	略	吨	9	7	20 000	140 000	2 000	142 000
合计								

收 料 单

供货单位：抚顺钢铁公司

凭证编号：20××0605

发票编号：

20××年6月20日

收料仓库：1号库

材料名称	材料规格	计量单位	数量		金额/元			
			应收	实收	单价	买价	运杂费	合计
合金钢	略	吨	4	3	5 000	15 000	500	15 500
不锈钢	略	吨	4	4	20 000	80 000	3 000	83 000
合计								

收 料 单

供货单位：本溪钢铁公司

凭证编号：20××0606

发票编号：

20××年6月28日

收料仓库：2号库

材料名称	材料规格	计量单位	数量		金额/元			
			应收	实收	单价	买价	运杂费	合计
合金钢	略	吨	2	2	5 000	10 000	1 000	11 000
橡胶件	略	吨	10	10	2 000	20 000	4 000	24 000
合计								

（2）根据上述材料入库单每半月汇总一次编制北京达达机械厂收料凭证汇总表。

（3）填写要点提示如下。

收料凭证汇总表是企业自制的汇总原始凭证，根据企业一次凭证"材料入库单"（也称收料单）汇总填制，表中"日期"一栏填写汇总的时间段，如 1～10 日（按旬汇总），或 1～15 日（每半月汇总一次），或 1～30 日（每月汇总一次），"收料单张数"一栏填写一定时间段内汇总的金额所依据的收料单的张数。"原材料"下各材料名称栏填写汇总的一定时间段材料的金额。制单、复核和财务主管要根据实际情况填写，不应留有空白。

收料凭证汇总表

单位名称：　　　　　　　　　　　　　　　20××年6月　　　　　　　　　　　　金额单位：元

日　期	收料单张数	原材料				合　计
		合金钢	不锈钢	辅助材料	其　他	
合　计						

财务主管：　　　　　　　　　　复核：　　　　　　　　　　制单：

16. 产品成本计算中自制原始凭证的填制

1）发料凭证汇总表

① 业务资料：北京达达机械厂20××年8月份从仓库领用各种材料，填制了以下6张领料单。

领　料　单

领料单位：基本生产车间
编　号：20××08101
用　途：生产A产品　　　　　　　　20××年8月1日
收料仓库：1号库

材料编号	材料名称及规格	计量单位	数　量		单　价	金　额
			请　领	实　发		
	合金钢	吨	2	2	5 000	10 000
	不锈钢	吨	4	4	20 000	80 000
合　计						90 000

领 料 单

领料单位：基本生产车间
编　　号：20××08102
用　　途：生产B产品　　　　　　20××年8月10日
收料仓库：1号库

材料编号	材料名称及规格	计量单位	数量		单　价	金　额
			请领	实发		
	合金钢	吨	3	3	5 000	15 000
	不锈钢	吨	5	5	20 000	100 000
合　计						115 000

领 料 单

领料单位：基本生产车间
编　　号：20××08103
用　　途：车间一般耗用　　　　　20××年8月15日
收料仓库：1号库

材料编号	材料名称及规格	计量单位	数量		单　价	金　额
			请领	实发		
	合金钢	吨	1	1	5 000	5 000
	橡胶件	吨	1	1	2 000	2 000
合　计						7 000

领 料 单

领料单位：基本生产车间
编　　号：20××08104
用　　途：车间一般耗用　　　　　20××年8月20日
收料仓库：1号库

材料编号	材料名称及规格	计量单位	数量		单　价	金　额
			请领	实发		
	不锈钢	吨	1	1	20 000	20 000
	橡胶件	吨	2	2	2 000	4 000
合　计						24 000

领 料 单

领料单位：行政部门
编　　号：20××08105
用　　途：一般耗用　　　　　　　20××年8月25日
收料仓库：1号库

材料编号	材料名称及规格	计量单位	数量		单　价	金　额
			请领	实发		
	玻璃	平方米	3	3	400	1 200
	油漆	桶	2	2	500	1 000
合　计						2 200

领　料　单

领料单位：销售部门

编　　号：20××08106

用　　途：一般耗用　　　　　　　　20××年8月30日

收料仓库：1号库

材料编号	材料名称及规格	计量单位	数　量		单　价	金　额
			请　领	实　发		
	玻璃	平方米	1	1	400	400
	油漆	桶	3	2	500	1 000
合　计						1 400

② 根据上述领料单全月汇总一次编制北京达达机械厂发料凭证汇总表（达达机械厂生产产品主料为合金钢和不锈钢，辅助材料为橡胶件、玻璃、油漆等）。

③ 填写要点提示如下。

发料凭证汇总表是企业自制的汇总原始凭证，根据企业一次凭证材料入库单汇总填制，填写时应注意根据领料单中领料部门和领料用途将材料汇总计入相关会计科目。本例中如生产车间，生产 C513A 机床领用的合金材料，就应将领用合金钢的金额计入"生产成本——C513A 机床"一栏，如为销售部门领用，则应计入"销售费用"。

发料凭证汇总表

单位名称：北京达达机械厂　　　　　　20××年8月　　　　　　金额单位：元

会计科目	领料部门	领用材料			
		合　金　钢	不　锈　钢	辅助材料	合　计
生产成本	C513A 机床				
	C645B 机床				
	小　计				
制造费用	生产车间				
管理费用	行政部门				
销售费用	销售部门				
合　计					

财务主管：　　　　　　　　　复核：　　　　　　　　　制单：

2）工资费用分配表

① 业务资料：达达机械厂6月末工资结算汇总表。

② 根据达达机械厂6月末工资结算汇总表编制北京达达机械厂"工资费用分配表"和"职工福利费及保险费计提表"。

工资结算汇总表

20××年6月10日

产品部门	计时工资	津　贴	奖　金	应付工资	扣发工资	实发工资
生产 C513A 机床工人	3 140 000	100 000	200 000	3 440 000	140 000	3 300 000
生产 C645B 机床工人	208 000	80 000	120 000	408 000	8 000	400 000
车间管理人员	44 000	16 000	24 000	84 000	4 000	80 000
厂部管理人员	86 000	14 000	26 000	126 000	6 000	120 000
销售人员	100 000	20 000	30 000	150 000	10 000	140 000
合计	3 578 000	230 000	400 000	4 208 000	168 000	4 040 000

③ 填写要点提示。

工资结算汇总表是财务部门根据车间、部门编制的工资结算表，按部门汇总计算应付工资、代扣款项和实发工资的原始凭证。"工资费用分配表"是根据"工资结算汇总表"编制的汇总原始凭证。"工资费用分配表"与"工资结算汇总表"的不同在于"工资费用分配表"中标明了工资分配的去向，即工资费用消耗应归属的会计科目，为进一步计算产品成本提供了人工成本的数据。生产产品工人的工资应记入"生产成本"账户，车间管理人员工资应记入"制造费用"账户，厂部管理人员应记入"管理费用"账户，销售人员工资应记入"销售费用"账户。

"职工福利费及保险费计提表"是财会部门根据工资结算汇总表中各车间、各部门的应付工资总额的一定比例计算提取的，按发生的地点、用途及各种产品产量、生产工人工资分配，用于职工福利方面的一项流动负债所编制的一种原始凭证。"职工福利费及保险费计提表"计提依据为应付工资总额，计提比例由企业自行决定。按不同部门的工资费用计提的福利费和各项保险相应地要记入到与工资费用相同的账户中去。

工资费用分配表

应借账户		工资费用
基本生产成本	C513A 机床	
	C645B 机床	
	合计	
	制造费用	
辅助生产成本	略	略
	略	
	略	
	管理费用	
	销售费用	
合　计		

职工福利费及保险费计提表

单位名称：北京达达机械厂　　　　　　　　20××年6月30日　　　　　　　　金额单位：元

应借科目		计提依据 （应工资总额）	职工福利费 （计提比例4%）	养老保险 （计提比例20%）	医疗保险 （计提比例6%）	失业保险 （计提比例2%）
生产 成本	C513A 机床					
	C645B 机床					
	小　计					
制造费用						
管理费用						
销售费用						
合　计						

单位主管：　　　　　　财务主管：　　　　　　复核：　　　　　　制单：

3）固定资产折旧费分配表

① 业务资料：达达机械厂6月末固定资产折旧汇总表。

② 根据上述资料编制达达机械厂"折旧费分配表"。

固定资产折旧汇总表

车间、部门	上月计提折旧额	上月增加旧额	上月减少折旧额	本月应提折旧额
生产车间厂房	9 900	2 140	480	11 560
生产车间设备	4 960	1 200	600	5 560
行政管理部门房屋	3 200		240	2 960
行政管理部门轿车	2 000	1 000	500	2 500
销售部门房屋	1 000	360	80	1 280
销售部门货车	8 000	6 000	4 000	10 000
合　计	29 060	10 700	5 900	33 860

③ 填写要点提示。

折旧费分配表是根据折旧汇总表填制的一种自制原始凭证。它将各部门发生的折旧费用按照与生产产品的关系分配到不同的账户中去。生产车间固定资产计提的折旧费应计入"制造费用"，行政管理部门固定资产计提的折旧费应计入"管理费用"，销售部门固定资产计提的折旧费应计入"销售费用"。

折旧费分配表

部　门	应借科目	金　额
生产车间		
行政管理部门		
销售部门		
合计		

4）制造费用分配表

① 业务资料。

根据本实验设计中的业务内容归集北京达达机械厂发生的制造费用，并根据两种机床的生产工时比例分配制造费用。其中：C513A 机床生产工时为 1 600 工时，C645B 机床生产工时为 1 000 工时。

② 根据上述资料编制达达机械厂"制造费用分配表"。

③ 填写要点提示。

制造费用分配表是企业将发生的制造费用分配到生产成本中需要编制的一种自制原始凭证。其中"合计"一栏中的金额在会计实务中来源于制造费用总账的借方发生额合计金额。本例中根据前面发料凭证汇总表、工资费用分配表、职工福利费及保险费计提表、折旧费分配表中归集的制造费用计算汇总而得。分配率根据分配金额除以两种产品的生产工时总额计算得出。

制造费用分配表

产品名称	分配标准（工时）	分配率	分配金额
C513A 机床			
C645B 机床			
合计			

5）完工产品成本计算表

① 业务资料。

根据前述资料中的发料凭证汇总表、工资费用分配表、职工福利费及保险费计提表、折旧费分配表、制造费用分配表汇总计算两种产品的生产成本（假设两种产品全部完工）。

② 根据上述资料编制北京达达机械厂"完工产品成本计算表"。

③ 填写要点提示。

完工产品成本计算表是汇总计算完工产品成本的一种自制原始凭证。完工产品成本计算表一般按照产品成本的项目设计，其中"直接材料"一栏根据发料凭证汇总表中生产该产品耗用的原材料填制，即记入"生产成本——××"账户的金额。"直接人工"根据工资费用分配表、职工福利费及保险费计提表中该产品应承担的人工成本，即记入"生产成本——××"账户的金额，"制造费用"根据制造费用分配表中按一定的分配标准该产品分担的制造费用。最后"合计"栏计算出该产品的总成本。用总成本去除完工产量，即计算出该种产品的单位成本。

注意：本例旨在让大家了解产品成本计算过程中各种原始凭证间的钩稽及结转关系，实际工作中计算产品成本要结合期初在产品生产成本、制造费用等明细账并填制较为复杂的产品成本计算表计算得到。

完工产品成本计算表

成本项目	产品名称：C513A 机床 完工产量：5 台		C645B 机床 完工产量：6 台		合　　计
	总成本	单位成本	总成本	单位成本	
直接材料					
直接人工					
制造费用					
合计					

实验三　建立账簿和期初余额登记

一、实验目的

通过实验，使学生深入理解建立账簿和期初余额登记的基本要求，掌握开设账簿的方法和期初余额登记的程序和步骤。

二、实验内容

（1）账簿开启。
（2）建立总账。
（3）建立日记账。
（4）建立明细账。
（5）登记期初余额。

三、实验操作知识准备

企业建立账簿的含义有两个：一个是企业年初建账，企业的总账、日记账和多数明细账应每年更换一次，这就需要在新购置的账簿中重新开设账户和登记期初余额；另一个就是新成立的企业，也要根据验资报告购置账簿，建立新账。

1. 账簿启用规则

启用时，在账簿封面上写明单位名称、账簿名称、账簿所属年度等等，在扉页上填制"账簿启用表"和"经管人员一览表"。启用订本式账簿，应当从第一页到最后一页顺序编定页数，不得跳页、缺号；启用活页式账簿，应当按账户顺序编号，并须定期装订成册，装订后再按实际使用的账页顺序编订页码。活页式账簿应按账户顺序编列分页号，一个账户编一个号，当一个账户记载两页以上时，可在分页号后加编附号，如某账户的分页号是 8 号，分别有两页账页，则分页号分别编为 8 - 1、8 - 2。年终装订成册，装订后再按实际使用的账页编定页数，并将账户目录加在账户前面。

2. 总账、日记账的建立

如果企业为成立之初，只需要按照设定的会计科目开设总账，不需要登记期初余额。如果为以前年度成立，那么在开设账户的基础上还需要将上年末余额转入本年度。总账、日记账、各类明细账期初余额登记如表4-1和表4-2所示。

表4-1 总账

科目：交易性金融资产 20××年度 单位：元 页码：16

20××年		凭证号		摘要	对方科目	借方	贷方	借或贷	余额
月	日	字	号						
1	1			上年结转				借	28 900.00

表4-2 银行存款日记账

20××年		凭证		摘要	对方科目	收入	支出	结余
月	日	字	号					
								56 000.00
1	1			上年结转				

3. 明细账的建立

明细账分为三栏式明细账、数量金额式明细账和多栏式明细账。三栏式明细账适用于只需进行金额核算，不需进行实物数量核算的账户，如"应收账款"、"应付账款"、"短期借款"、"长期借款"、"股本"等账户。三栏式明细账与总账的格式、登记方法相同。数量金额式明细账适用于既要进行金额核算又要进行实物数量核算的各种财产物资账户，如"原材料"、"库存商品"等账户。多栏式明细账适用于那些对金额进行分析的有关费用成本、收入成果类科目的明细分类核算，如"主营业务收入"、"管理费用"、"生产成本"等账户。

数量金额式原材料明细账期初余额的登记如表4-3所示。

表4-3 数量金额式原材料明细分类账的登记

材料名称 A 计划单价3 000元
规格 60 第2页

20××年		凭证字号	摘要	收入（借方）			发出（贷方）			结存（余额）		
月	日			数量	单价	金额	数量	单价	金额	数量/kg	单价/元	金额/元
1	1		上年结转							100	2 580	258 000

多栏式生产成本明细账期初余额的登记如表4-4所示。

表4-4 多栏式生产成本明细账的登记

产品名称：甲产品

20××年		凭证号数	摘要	借方金额				
月	日			直接及动力	燃力及动力	直接人工	制造费用	合计
1	1		上年结转	8 760	2 340	1 230	690	13 020

四、实验设计

（1）根据模拟企业沈阳工程机械股份有限公司1月1日总账及各明细账资料启用账簿，填写账簿封面、扉页。（启用及经管人员一览表、科目索引表）

（2）开设库存现金日记账和银行存款日记账，并过入期初余额。

（3）开设总分类账，并过入期初余额。

（4）开设明细分类账，并过入期初余额。

五、实验资料准备

总账账页22张，三栏式明细账账页19张，数量金额式明细账账页4张，生产成本明细账账页2张，现金日记账账页1张，银行存款日记账账页1张。

实验四　记账凭证的填制与审核

一、实验目的

通过实验，要求学生熟练掌握记账凭证的种类、各类记账凭证的格式及填制方法，并掌握记账凭证的审核。

二、实验内容

根据企业发生的经济业务练习填制各类记账凭证。

三、实验操作知识准备

（一）记账凭证填制的基本要求

（1）记账凭证各项内容必须完整。记账凭证的书写应清楚、规范。相关要求同原始凭证。

（2）除结账和更正错误，记账凭证必须附有原始凭证并注明所附原始凭证的张数。所附原始凭证张数的计算，一般以原始凭证的自然张数为准。与记账凭证中的经济业务记录有关的每一张证据，都应当作为原始凭证的附件。如果记账凭证中附有原始凭证汇总表，则应该把所附的原始凭证和原始凭证汇总表的张数一起计入附件的张数之内。但报销差旅费等的零散票券，可以粘贴在一张纸上，作为一张原始凭证。一张原始凭证如涉及几张记账凭证则可以将该原始凭证附在一张主要的记账凭证后面，在其他记账凭证上注明该主要记账凭证的编号或者附上该原始凭证的复印件。

（3）一张原始凭证所列的支出需要由两个以上的单位共同负担时，应当由保存该原始凭证的单位开给其他应负担单位原始凭证分割单。原始凭证分割单必须具备原始凭证的基本内容，包括凭证的名称、填制凭证的日期、填制凭证单位的名称或填制人的姓名、经办人员的签名或盖章、接受凭证单位的名称、经济业务内容、数量、单价、金额和费用的分担情况等。

（4）记账凭证编号的方法有多种，可以按现金收付、银行存款收付和转账业务三类分别编号，也可以按现金收入、现金支出、银行存款收入、银行存款支出和转账业务五类进行编号，或者将转账业务按照具体内容再分成几类编号。各单位应当根据本单位业务繁简程度、人员多寡和分工情况来选择便于记账、查账、内部稽核的简单严密的编号方法。无论采用哪一种编号方法，都应该按月顺序编号，即每月都从1号编起，顺序编至月末。一笔经济业务需要填制两张或者两张以上记账凭证的，可以采用分数编号法编号，如1号会计事项分录需要填制三张记账凭证，就可以编成1（1/3）、1（2/3）、1（3/3）号。

（5）填制记账凭证时若发生错误应当重新填制。已登记入账的记账凭证在当年内发现填写错误时，可以用红字填写一张与原内容相同的记账凭证，在摘要栏注明"注销某月某日某号凭证"字样，同时再用蓝字重新填制一张正确的记账凭证，注明"订正某月某日某号凭证"字样。如果会计科目没有错误，只是金额错误，也可将正确数字与错误数字之间的差额另编一张调整的记账凭证，调增金额用蓝字、调减金额用红字。发现以前年度记账凭证有错误的，应当用蓝字填制一张更正的记账凭证。

（6）实行会计电算化的单位，其机制记账凭证应当符合对记账凭证的一般要求，并应认真审核，做到会计科目使用正确，数字准确无误。打印出来的机制记账凭证上，要加盖制单人员、审核人员、记账人员和会计主管人员印章或者签字，以明确责任。

（7）记账凭证填制完经济业务事项后，如有空行，应当在金额栏自最后一笔金额数字下的空行处至合计数上的空行处划线注销。

（8）正确编制会计分录并保证借贷平衡。必须根据国家统一会计制度的规定和经济业务的内容，正确使用会计科目和编制会计分录，记账凭证借、贷方的金额必须相等，合计数必须计算正确。

（9）摘要应与原始凭证内容一致，能正确反映经济业务的主要内容，表述简短精练，应能使阅读的人通过摘要就能了解该项经济业务的性质、特征，判断出会计分录的正确与否，一般不必再去翻阅原始凭证或询问有关人员。

（10）只涉及现金和银行存款之间收入或付出的经济业务，应以付款业务为主，只填制付款凭证，不填制收款凭证，以免重复。

（11）签章、传递、过账。

制证员根据审核无误的原始凭证，确定会计分录，填写记账凭证，并将有关原始凭证附在记账凭证后面，注明张数。填制完毕在制证栏下签章，然后转交审核员审核并签章，再经会计主管复合签章后，由记账员据以登记账簿。对于登记入账的会计凭证应在相应栏内记下过账标记，通常以"√"符号作为过账标记。

（二）记账凭证审核的主要内容

1. 合规性审核

审核记账凭证是否附有原始凭证，原始凭证是否齐全，内容是否合法，记账凭证所记录的经济业务与所附原始凭证所反映的经济业务是否相符。

2. 技术性审核

审核记账凭证的应借、应贷科目是否正确，账户对应关系是否清晰，所使用的会计科目及其核算内容是否符合会计制度的规定，金额计算是否准确。摘要是否填写清楚、项目填写是否齐全，如日期、凭证编号、二级科目和明细会计科目、附件张数以及有关人员签章等。

在审核过程中，如果发现差错，应查明原因，按规定办法及时处理和更正。只有经过审核无误的记账凭证，才能据以登记账簿。

对会计凭证进行审核，是保证会计信息质量，发挥会计监督的重要手段。记账凭证审核是一项政策性很强的工作，要做好会计凭证的审核工作、正确发挥会计的监督作用，会计人员应当做到：既要熟悉和掌握国家政策、法令、规章制度和计划及预算的有关规定，又要熟悉和了解本单位的经营情况。这样，才能明辨是非，确定哪些经济业务是合理、合法的，哪些经济业务是不合理、不合法的。会计人员应自觉地执行国家政策，遵守会计规章制度，正确处理各种经济关系。

（三）收款凭证的填制要点提示

收款凭证左上角的"借方科目"按收款的性质填写"库存现金"或"银行存款"；日期填写的是编制本凭证的日期；右上角填写编制收款凭证的顺序号；"摘要"填写对所记录的经济业务的简要说明；"贷方科目"填写与库存现金或银行存款相对应的会计科目；"过账"是指该凭证已登记账簿的标记，防止经济业务事项重记或漏记；"金额"是指该项经济业务事项的发生额；该凭证右边"附单据××张"是指本记账凭证所附原始凭证的张数；最下边分别由有关人员签章，以明确经济责任。收款凭证的填写如表4-5所示。

表4-5 收款记账凭证

借方科目：银行存款　　　　　　　　　20××年8月18日　　　　　　　　　银收 字第8号

摘 要	贷方科目		金 额									记账符号
	总账科目	明细科目	百	十	万	千	百	十	元	角	分	
收回前欠货款	应收账款	大华公司			1	6	8	0	0	0	0	
合计			¥	1	6	8	0	0	0	0		

附单据　张

会计主管　　　　　记账　　　　　出纳　　　　　审核　　　　　填制

（四）付款凭证的填制要点提示

付款凭证的编制方法与收款凭证基本相同，只是左上角由"借方科目"换为"贷方科目"，凭证中间的"贷方科目"换为"借方科目"。

对于涉及"现金"和"银行存款"之间的经济业务，为避免重复一般只编制付款凭证，不编制收款凭证。付款凭证的填写如表4-6所示。

表 4-6 付款记账凭证

贷方科目：银行存款 　　　　　　　　20××年8月18日 　　　　　　　　银付字第9号

摘　要	借方科目		金　额										记账符号
	总账科目	明细科目	千	百	十	万	千	百	十	元	角	分	
购买钢材8吨	原材料	4号钢材		1	0	0	0	0	0	0	0	0	
	应交税费	应交增值税（销项税额）			1	7	0	0	0	0	0	0	
合　计			¥	1	1	7	0	0	0	0	0	0	

会计主管　　　　记账　　　　稽核　　　　制单　　　　出纳

附单据　张

（五）转账凭证的填制要点提示

转账凭证将经济业务事项中所涉及的全部会计科目，按照先借后贷的顺序记入"会计科目"栏中的"一级科目"和"二级及明细科目"，并按应借、应贷方向分别记入"借方金额"或"贷方金额"栏。其他项目的填列与收、付款凭证相同。

转账凭证的填写如表4-7所示。

表 4-7 转账记账凭证

20××年8月18日 　　　　　　　　凭证编号 转字第6号

摘　要	借方科目		贷方科目		金　额									记账符号
	总账科目	明细科目	总账科目	明细科目	百	十	万	千	百	十	元	角	分	
购料款未付	材料采购	A材料	应付账款	大同公司		3	0	0	0	0	0	0		
应交税费	应交增值税	应付账款	大同公司				5	1	0	0	0	0		
合　计					¥	3	5	1	0	0	0	0		

会计主管　　　　记账　　　　审核　　　　填制

附单据　张

四、实验设计

根据模拟企业沈阳工程机械股份有限公司20××年1月份发生的业务编制收款凭证、付款凭证和转账凭证。

五、实验资料准备

收款凭证5张、付款凭证12张和转账凭证15张。

实验五　账簿的登记

一、实验目的

通过实验使学生掌握账簿的种类、账簿的设置、账页的格式，熟练掌握账簿的登记方法等技能。

二、实验内容

日记账、明细分类账和总分类账的登记。

三、实验操作知识准备

（一）会计账簿的意义和种类

1. 会计账簿的含义

会计账簿（简称账簿）是指由一定格式账页组成的，以会计凭证为依据，全面系统、连续地记录各项经济业务的簿籍。

需指出的是，账簿与账户有着十分密切的联系。账户是根据会计科目开设的，账户存在于账簿之中，账簿中的每一张账页就是账户的存在形式和载体，没有账簿，账户就无法存在。然而，账簿只是一个外在形式，账户才是它的真实内容。账簿序时、分类地记载经济业务，是在个别账户中完成的。因此，也可以说，账簿是由若干张账页组成的一个整体，而开设于账页上的账户则是这个整体中的个别部分，所以，账簿与账户是形式和内容的关系。

2. 账簿的种类

账簿可以按其用途、账页格式和外表形式等不同标准进行分类。账簿按其用途的不同，可以分为序时账簿、分类账簿和备查账簿三类。

（1）序时账簿。序时账簿又称日记账，它是按照经济业务发生或完成时间的先后顺序逐日逐笔进行登记的账簿。序时账簿可以用来核算和监督某一类型经济业务或全部经济业务的发生或完成情况。用来记录全部业务的日记账称为普通日记账；用来记录某一类型经济业务的日记账称为特种日记账，如记录现金收付业务及其结存情况的现金日记账，记录银行存款收付业务及其结存情况的银行存款日记账，以及专门记录转账业务的转账日记账。在我国，大多数企业一般只设现金日记账和银行存款日记账，而不设置转账日记账和普通日记账。

（2）分类账簿。分类账簿是对全部经济业务按照会计要素的具体类别而设置的分类账户进行登记的账簿。按照总分类账户分类登记经济业务的是总分类账簿，简称总账。按照明细分类账户分类登记经济业务的是明细分类账簿，简称明细账。总分类账提供总括的会计信息，明细分类账提供详细的会计信息，两者相辅相成，互为补充。

小型经济单位业务简单，总分类账户不多，为简化工作，可以把序时账簿与分类账簿结合起来，设置联合账簿。

（3）备查账簿。备查账簿（或称辅助登记簿），简称备查簿，是对某些在序时账簿和分类账簿等主要账簿中都不予登记或登记不够详细的经济业务进行补充登记时使用的账簿。例如，租入固定资产备查簿是用来登记那些以经营租赁方式租入、不属于本企业财产、不能记入本企业固定资产账户的机器设备；应收票据贴现备查簿是用来登记本企业已经贴现的应收票据。

2. 按账页格式分类

按账页格式不同，账簿可分为两栏式、三栏式、多栏式和数量金额式四种。

（1）两栏式账簿是指只有借方和贷方两个基本金额栏目的账簿。普通日记账和转账日记账一般采用两栏式。

（2）三栏式账簿是指设有借方、贷方和余额三个基本栏目的账簿。各种日记账、总分类账以及资本、债权、债务明细账都可采用三栏式账簿。三栏式账簿又分为设对方科目和不设对方科目两种。区别是在"摘要"栏和"借方科目"栏之间是否有一栏"对方科目"。有"对方科目"栏的，称为设对方科目的三栏式账簿；没有"对方科目"栏的，称为不设对方科目的三栏式账簿，也称为一般三栏式账簿。

（3）多栏式账簿是指在账簿的借方和贷方两个基本栏目按需要分设若干专栏的账簿，如多栏式日记账、多栏式明细账。但是，专栏设置在借方，还是设在贷方，或是两方同时设专栏，设多少专栏，则根据需要确定。收入、费用明细账一般均采用这种格式的账簿。

（4）数量金额式账簿是指在借方、贷方和余额三个栏目内，都分设数量、单价和金额三小栏，借以反映财产物资的实物数量和价值量的账簿，如原材料、库存商品、产成品等明细账一般都采用数量金额式账簿。

3. 按外型特征分类

账簿按其外型特征的不同，可分为订本账、活页账和卡片账三种。

（1）订本账。这种账簿一般适用于总分类账、现金日记账和银行存款日记账。

（2）活页账。各种明细分类账一般采用活页账形式。

（3）卡片账。在我国，企业一般只对固定资产的核算采用卡片账形式。因为固定资产在长期使用中其实物形态不变，又可能经常转移使用部门，设置卡片账便于随同实物转移。少数企业在材料核算中也使用卡片账形式。

（二）会计账簿的登记

1. 账簿登记基本要求

1）过账顺序

过账顺序通常有两种方法。

（1）按照记账凭证的号数顺序过账。先过借方，再过贷方，根据记账凭证的记录翻找账页。过完一张记账凭证后，再过第二张记账凭证。这种方法的缺点是翻找分类账所需时间多，优点是不易漏记或重记。实际工作中一般采用此法。

（2）按照分类账的排列顺序过账。发生会计事项的账户排列在前，先过账；排列在后，后过账。过完一个账户，再过一个账户。这种方法的优点是无须前后翻找分类账，缺点是前后翻找记账凭证，容易漏记或重记。

2）账户名称、记账方向、记账金额

记账过程中，必须注意账户的名称一定要与记账凭证中科目的名称相一致，记账的方向一定要同记账凭证的方向相一致，记入账户的金额一定要同记账凭证中的金额相等。绝不能发生应过入甲账户的误过入乙账户；应过入某一账户借方的误过入该账户贷方的现象，否则会给试算平衡带来麻烦。

3）日期和编号

过入账户中的日期和凭证号数必须同记账凭证所记载的日期和编号相一致，即原封抄转，不得随意改变。

4）摘要

摘要栏的记录是日后检查的依据，必须反映实际情况。记录的内容应包括：对方单位的名称，重要凭证的号数和会计事项的简要说明。应同记账凭证的摘要一致。

5）过账后的审核工作

对于已登记入账的会计事项一定要进行审核。审核的内容包括：科目名称，记账日期、凭证编号、摘要是否明确，金额是否正确，借贷方向是否一致。发现有误，立即更正。

6）结算余额

账户应每日或每月，必要时每一行结算余额。当余额为零时，应在"借或贷"栏记"平"，在余额栏"元位"记"－0－"或"0"。

7）记账注意事项

（1）登记序时账应根据收、付款凭证登记；登记明细分类账根据记账凭证或原始凭证登记；登记总分类账一般根据科目汇总表、汇总记账凭证、记账凭证或多栏式现金日记账登记。没有审核无误的、合法的记账依据，不能登记账簿。

（2）账簿的登记必须用蓝黑墨水书写。红墨水只能用于划线更正和冲账。

（3）文字必须规范、整齐，数字必须完整、正确，没有角分的整数，应写"00"，不能省略，也不能以"一"代替。数字应占一行的1/2或1/3，以便于更正和改错。

（4）账簿转页方法：每一页最后一行的摘要栏写"过次页"或"转下页"字样，并将借、贷方发生额合计及余额分别记入借方、贷方和余额栏内，在合计数的下端划单红线以示醒目。在次页第一行摘要栏内写"承前页"或"接上页"字样，同时将上页借方、贷方发生额合计和余额转抄。

（5）账簿的登记根据记账凭证编号顺序登记，不能隔页、跳行，若不慎出现隔页、跳行现象，应在空行和空页处用红线对角注销，并注明"此行或此页空白"字样，并由记账员签章。

（6）账簿记录发生错误时，严禁刮擦、挖补、涂改或用化学药褪色。应根据情况选用适当的错账更正方法予以更正。

2. 具体会计账簿的登记方法

1）日记账的格式和登记方法

如前所述，日记账是按照经济业务发生或完成的时间先后顺序逐笔进行登记的账簿。这些日记账的设置和登记方法如下。

（1）库存现金日记账。由出纳人员根据同库存现金收付有关的记账凭证，按时间顺序逐日逐笔进行登记，即根据库存现金收款凭证和与库存现金有关的银行存款付款凭证（从银行提取库存现金的业务）登记库存现金收入，根据库存现金付款凭证登记库存现金支出，并根据"上日余额＋本日收入－本日支出＝本日余额"的公式，逐日结出库存现金日记账余额，与库存现金实存数核对，以检查每日库存现金收付是否有误。库存现金日记账登记如表4－8所示。

表4－8　库存现金日记账

20××年		凭证		摘要	对方科目	收入	支出	结余
月	日	字	号					
1	30			承前页		168 500	124 100	5 600
1	30	银付	102	提取库存现金	银行存款	40 000		
	30	现收	036	收取仓库租金	其他业务收入	10 000		
	30	现付	089	发放工资	应付职工薪酬		40 000	
	30	现付	090	行政科报销办公用品费	管理费用		600	
	30			本日合计		50 000	40 600	15 000
	31	现收	037	张力归还借款	其他应收款	500		
	31	现付	091	库存现金送存银行	银行存款		2 000	13 500
1	31			本月合计		219 000	166 700	13 500

（2）银行存款日记账。银行存款日记账是用来核算和监督银行存款每日的收入、支出和结余情况的账簿。银行存款日记账应按企业在银行开立的账户和币种分别设置，每个银行账户设置一本日记账。由出纳员根据与银行存款收付业务有关的记账凭证，按时间先后顺序逐日逐笔进行登记。根据银行存款收款凭证和有关的现金付款凭证（库存现金存入银行的业务）登记银行存款收入栏。根据银行存款付款凭证登记其支出栏，每日结出存款余额。银行存款日记账登记与库存现金日记账相同。

2）总分类账的格式和登记方法

总分类账最常用的格式为三栏式，设置借方、贷方和余额三个基本金额栏目，也有采用多栏式设置总分类账的。

总分类账的记账依据和登记方法取决于企业采用的账务处理程序。既可以根据记账凭证逐笔登记，也可以根据科目汇总表或汇总记账凭证等登记。

根据记账凭证登记总账是记账凭证账务处理程序的核心。记账凭证账务处理程序是指对发生的经济业务事项，都要根据原始凭证或汇总原始凭证编制记账凭证，然后直接根据记账凭证逐笔登记总分类账的一种账务处理程序。记账凭证账务处理程序的特点是直接根据记账凭证逐笔登记总分类账。它是最基本的账务处理程序，其他各种账务处理程序基本上是在这种账务处理程序的基础上发展和演变而形成的。

根据科目汇总表登记总账是科目汇总表账务处理程序的核心。科目汇总表账务处理程序是指对发生的经济业务，根据原始凭证或原始凭证汇总表编制记账凭证，再根据记账凭证定期编制科目汇总表，并据以登记总分类账的一种账务处理程序。这种账务处理程序的特征是设置科目汇总表，并根据记账凭证定期编制科目汇总表，然后根据科目汇总表登记总分类账。科目汇总表如表4－9所示。

表4-9 科目汇总表

20××年12月

科汇字1号

科目名称	1—10日发生额		11—20日发生额		21—31日发生额	
	借 方	贷 方	借 方	贷 方	借 方	贷 方
库存现金	100 000	102 000				
银行存款		123 400	93 600	26 000		
应交税费	3 400			13 600		6 092.5
其他应收款	1 000					
在途物资	21 000	21 000				
原材料	21 000			12 600		
应付职工薪酬	100 000					60 000
生产成本			11 600		63 100	74 700
制造费用			600		17 500	18 100
管理费用			400		10 000	10 400
主营业务收入				80 000	80 000	
销售费用			25 000			25 000
营业外支出			1 000			1 000
累计折旧						12 500
库存商品					74 700	19 230
主营业务成本					19 230	19 230
本年利润					80 000	80 000
所得税费用					6 092.5	6 092.5
利润分配					7 655.5	22 105.25
盈余公积						1 827.75
应付股利						2 000
合 计	246 400	246 400	132 200	132 200	358 278	358 278

以应交税费总账为例，按照记账凭证账务处理程序和科目汇总表账务处理程序登记总账根据记账凭证登记的应交税费总账如表4-10所示。

表 4 – 10　总账

科目：应交税费　　　　　　　　　　　　　　　　　　　　　　　　页码：16

20××年度　　　　　　　　　　　　　　　　　　　　　　　　　单位：元

20××年		凭证号		摘　要	对方科目	借　方	贷　方	借或贷	余　额
月	日	字	号						
1	1			上年结转				贷	2 000
1	3	银付	1	购料进项税	银行存款	1 700			
	6	银付	6	支付上月税款	银行存款	1 700			
	12	银收	9	销售产品销项税	银行存款		8 500		
	18	转	8	应交营业税	营业税金及附加		5 100		
	31	转	28	计算应交所得税	所得税		5 092.5		
	31	银付	32	缴纳所得税	银行存款	5 092.5			
1	31			合计		8 492.5	18 692.5	贷	12 200

根据上述科目汇总表登记的应交税费总账如表 4 – 11 所示。

表 4 – 11　总分类账

账户名称：应交税费　　　　　　　　　　　　　　　　　　　　　　页码：16

　　　　　　　　　　　　　　　　　　　　　　　　　　　　　　　单位：元

20××年		凭证号数	摘　要	借方金额	贷方金额	借或贷	余　额
月	日						
1	1					贷	2 000
1	10	科汇 1	1—10 日发生额	3 400			
1	20	科汇 1	11—20 日发生额		13 600		
1	31	科汇 1	21—31 日发生额	5 092.5	5 092.5		
1	31		合　计	8 492.5	18 692.5	贷	12 200

3）明细分类账的格式和登记方法

明细分类账是根据二级账户或明细账户开设账页，分类、连续地登记经济业务提供明细核算资料的账簿。

不同类型经济业务的明细分类账，可根据管理需要，依据记账凭证、原始凭证或汇总原始凭证逐日逐笔或定期汇总登记。固定资产、债权、债务等明细账应逐日逐笔登记；库存商品、原材料收发明细账以及收入、费用明细账可以逐笔登记，也可定期汇总登记。库存现金、银行存款账户由于已设置了日记账，不必再设明细账，其日记账实质上也是一种明细账。

三栏式明细分类账的账页中，只设有借方、贷方和余额三个金额栏，不设数量栏。它适用于只需要提供价值信息的账户。这种格式适用于债权、债务结算类明细账和资本类明细账，如"应收账款"、"应付账款"、"股本"等，其格式和登记方法与总账相同。

数量金额式明细分类账用于"原材料"、"产成品"等。盘存类科目的明细分类核算，既要核算金额，又要核算数量，所以在这种格式明细分类账的"借方"、"贷方"、"结存"三栏中，除须登记金额外，还须登记数量。此外，在这种格式账页的上端，还应根据实际需要，设置和登记一些必要的项目，如产品、材料物资的类别、名称和规格、计量单位、计划单价、最高和最低储备量等。

根据数量金额式明细账的记录，应能取得关于各种产品、材料物资的管理，使用进行日常监督。数量金额式明细分类账的格式和登记方法如表4－12所示。

表4－12　原材料明细分类账

材料名称A　　　　　　　　　　　　　　　　　　　　　　　　　　　　　　计划单价：3000元
规格60　　　　　　　　　　　　　　　　　　　　　　　　　　　　　　　　第2页

20××年		凭证字号	摘　要	收入（借方）			发出（贷方）			结存（余额）		
月	日			数量	单价	金　额	数量	单价	金　额	数量/kg	单价/元	金额/元
1	1		上年结转							100	2 580	258 000
1	2	收料单112	向大兴厂购入	2 000	2 580	5 160 000				2 100	2 580	5 418 000
	6	领料单256	生产车间领用				1 800	2 580	4 644 000	300	2 580	774 000
	8	退料单#125	生产车间退还	50	2 580	129 000				350	2 580	903 000
1	31		本月合计	2 050	2 580	5 289 000	1 800	2 580	4 644 000	350	2 580	903 000

多栏式明细分类账适用于"材料采购"、"生产成本"、"制造费用"等账户的明细分类核算。

采用多栏式明细分类账，对于属于同一一级科目或二级科目的明细账户可以合并在一张账页上进行登记，即在这种格式的"借方""贷方"栏下分别设置若干金额栏，分栏登记各个明细科目的数额，在实际工作中"材料采购"、"生产成本"、"制造费用"等科目的明细分类账可以只按借方发生额设置账户，贷方发生额由于每月只发生一笔或几笔，可以在有关栏内用红字登记，表示属从借方发生额中冲减。

多栏式明细账的格式和登记方法如表4－13所示。

表4－13　生产成本明细账

产品名称：甲产品

20××		凭证号数	摘　要	借　　方				贷　方	借或贷	余　额
月	日			直接材料	直接人工	制造费用	合　计			
1	1		上年结转	11 000	1 230	790	13 020		借	13 020
1	1		领用材料	5 800			5 800		借	18 820
	3		分配工资费用		4 000		4 000		借	22 820
	5		分配福利费用		560		560		借	23 380
	7		分配制造费用			3 000	3 000		借	26 380
	31		结转产品成本					26 380	平	0
1	31		本月合计	16 800	5 790	3 790	26 380	26 380	平	0

四、实验设计

根据实验四所填制的记账凭证登记日记账和明细账，采用科目汇总表账务处理程序

（每半月汇总一次）登记总账。

五、实验准备

总账账页 8 张，三栏式明细账账页 6 张，数量金额式明细账账页 1 张。多栏式明细账：应交税费（应交增值税）明细账账页 1 张，制造费用明细账账页 1 张，管理费用明细账账页 1 张，销售费用明细账账页 1 张，财务费用明细账账页 1 张，本年利润明细账账页 1 张。

实验六　错账更正

一、实验目的

通过实验，要求学生掌握各类不同性质错账的更正方法，增强学生在实际工作中发现错误、纠正错误的能力。

二、实验内容

分析各类错账的特点，并采用正确的更正错账的方法进行更正。

三、实验操作知识准备

企业会计人员在编制记账凭证的过程中，如果发现记账凭证填制有错误，并且尚未登记账簿，可以将错误的记账凭证作废，并重新填制一张正确的记账凭证。如果记账凭证填制有错误，并且已经根据此凭证登记账簿，针对账簿中的错误，不得任意刮擦、挖补、涂改或用药水消除字迹，必须根据错误的具体情况，采用正确的方法予以更正。更正错账的方法一般有以下几种。

（一）划线更正法

划线更正法是对账簿记录中的错误文字或者数字，划红线注销，并作更正的一种方法。

（1）适用范围：在结账前，如果发现账簿记录有文字或数字错误，而记账凭证没有错误。

（2）更正方法：将错误的文字或者数字划红线注销，然后在划线上方填写正确的文字或者数字，并由记账及相关人员在更正处盖章。需要注意的是，对于错误的数字，应当全部划红线更正，不要只更正其中的错误数字，并保持被划去的字迹可以清楚辨认。

例如，某企业会计人员编制记账凭证时并没有错误，在登记账簿时误将 685 元写成 658 元，在账簿中正确的更正方法为 $\frac{685}{658}$，不能更正为 $\frac{685}{658}$。

（二）红字更正法

红字更正法又称红字冲销法，它是用红字冲销原有记录后再予以更正的方法。

（1）适用范围：记账后，发现账簿记录错误，错误原因在于记账凭证中的应借、应贷会计科目或记账方向有错误而引起的。

更正方法：先用红字金额填写一张与错误凭证相同的记账凭证，然后再用蓝字填写一张正确的记账凭证，并据以登记入账。

例如，某企业以银行存款 3 000 元购买 A 材料，材料已验收入库。在填制记账凭证时，误作贷记"库存现金"科目，并据以登记入账。会计分录如下：

借：原材料　　　　　　　　　　　　　　　　　　　　　　　3 000
　　贷：库存现金　　　　　　　　　　　　　　　　　　　　　　　3 000

用红字更正法更正，先编制一张与原错误记账凭证内容完全相同而金额为红字的记账凭证，在摘要栏注明"更正某月某日第×号凭证"，并将金额分别登记到"原材料"、"库存现金"账簿中。

借：原材料　　　　　　　　　　　　　　　　　　　　　　　3 000
　　贷：库存现金　　　　　　　　　　　　　　　　　　　　　　3 000

然后用蓝字编制正确的记账凭证。

借：原材料　　　　　　　　　　　　　　　　　　　　　　　3 000
　　贷：银行存款　　　　　　　　　　　　　　　　　　　　　　3 000

编制会计分录后，根据上述记账凭证登记账簿。

（2）适用范围：记账后，发现账簿记录错误，错误原因在于记账凭证中所记金额大于应记的正确金额，而应借、应贷的会计科目没有错误。

例如，某企业从银行提取现金 30 000 元以备发工资，误做下列记账凭证，并已登记入账。

借：库存现金　　　　　　　　　　　　　　　　　　　　　50 000
　　贷：银行存款　　　　　　　　　　　　　　　　　　　　　50 000

更正方法：用红字更正法，编制如下更正的记账凭证，在摘要栏注明"更正某月某日第×号凭证"，并将金额以红字登记到"库存现金"和"银行存款"账簿中。

借：库存现金　　　　　　　　　　　　　　　　　　　　20 000
　　贷：银行存款　　　　　　　　　　　　　　　　　　　　20 000

（三）补充登记法

补充登记法是指由于记账凭证错误导致账簿记录错误，从而采用编制补充凭证以更正账簿记录的一种方法。

（1）适用范围：记账后发现记账凭证中的会计科目无误，只是所记金额小于应记的金额。

（2）更正方法：将少记金额用蓝字填写一张与原错误记账凭证应借、应贷科目完全相同的记账凭证，补充少记的金额并据以登记入账。

例如，某企业接受外单位投入资金 810 000 元，已存入银行。在填制记账凭证时，误将其金额记为 180 000 元，并已登记入账。

借：银行存款   180 000

  贷：股本   180 000

采用的更正方法是：将少记金额 630 000 元用蓝笔填制一张与原错误记账凭证相同的记账凭证，并在摘要栏内注明"补记某月某日第×号凭证"并予以登记入账，补足原少记金额，使错账得以更正。

借：银行存款   630 000

  贷：股本   630 000

四、实验设计

以模拟企业沈阳工程机械股份有限公司为例，假设该企业 1 月份发生了如下错账业务，请指出错误类型，并按照正确的更正错账方法予以更正。（假定该企业采用记账凭证账务处理程序）

（一）凭证资料

（1）12 月 8 日，从红叶办公用品商店购入办公室使用的打印纸一批，该笔业务已经填制记账凭证，尚未登记账簿。

付款凭证

贷方科目：银行存款   20×× 年 12 月 8 日   付字第 __1__ 号

摘要	借方科目		金　额									记账符号
	总账科目	明细科目	千	百	十	万	千	百	十	元	角	分	
	管理费用												
合　计							¥	5	0	0	0	0	0

会计主管：王杰 记账：吴华 稽核：宋丽 制单：吴华 出纳：张丽

附单据　张

中国工商银行
转账支票存根（辽）
IX0301128
科　　目
对方科目
出票日期　20×× 年 12 月 8 日

收款人：红叶办公用品商店
金额：500.00
用途：支付办公用品款
备　注

单位主管：   会计：

辽宁省商业零售统一发票 （发票联）

| 购货单位： | | | 20××年12月8日 | | | | | No：31678 |

商品名称	单位	规格	数量	单价	金额	备　注
打印纸	包		10	50.00	500.00	
合　计					500.00	

人民币（大写）零万零仟伍佰零拾零元零角零分　　　　　　　　　　　¥500.00

开票人：张海　　　　收款人：吴红　　　　销货单位：（印章）

（2）12月9日，从银行提取现金备用，已填制如下付款凭证并且已登记账簿。

付款凭证

| 贷方科目：银行存款 | | 20××年12月8日 | | | | | | | | 付字第　2　号 |

摘　要	借方科目		金　额									记账符号	
	总账科目	明细科目	千	百	十	万	千	百	十	元	角	分	
	库存现金							6	0	0	0	0	√
合　计							¥	6	0	0	0	0	

会计主管：赵晓景　　　记账：于思洋　　　稽核：宋丽　　　制单：李海蓝　　　出纳：张芝华

附单据　　张

中国工商银行
现金支票存根（辽）
IX0301128
科　　目
对方科目
出票日期　20××年12月9日

收款人：沈阳工程机械科技股份有限公司
金　额：6 000.00
用　途：提现备用
备　注

单位主管：　　　会计：

（3）12月20日，收到长城公司前欠货款，存入银行，填制如下通用记账凭证并且已登记账簿。

收款凭证

借方科目：银行存款　　　　　　　　20××年12月8日　　　　　　　　　　收字第　1　号

摘要	贷方科目		金　额									记账符号
	总账科目	明细科目	千	百	十	万	千	百	十	元	角	分	
	应收账款				8	0	0	0	0	0	0	√
合　计				¥	8	0	0	0	0	0	0	

会计主管：王杰　　　　记账：吴华　　　　稽核：宋丽　　　　制单：吴华　　　　出纳：张丽

附单据　张

中国工商银行进账单（收账通知）

20××年12月8日　　　　　　　　　　第028号

付款人	全　称	长城公司	收款人	全　称	沈阳工程机械科技公司
	账　号	2101022066634		账　号	6518496658579206
	开户银行	连山市朝阳区工商银行支行		开户银行	中国工商银行沈阳支行

人民币（大写）捌仟元整

		千 百 十 万 千 百 十 元 角 分
		¥ 8 0 0 0 0 0 0

票据种类	转账支票	收款人开户银行盖章
票据张数	1 张	

单位主管	会计	复核	记账

此联是银行给收款人收账通知

（4）12月25日，以库存现金支付总经理办公室报销招待客户费用，已填制付款凭证，并已登记账簿。

付款凭证

贷方科目：库存现金　　　　　　　　20××年12月8日　　　　　　　　　　付字第　3　号

摘要	借方科目		金　额									记账符号
	总账科目	明细科目	千	百	十	万	千	百	十	元	角	分	
总经理办公室报销业务招待费	销售费用	招待费					1	0	0	0	0	0	√
合　计						¥	1	0	0	0	0	0	

会计主管：赵晓景　　　　记账：于思洋　　　　稽核：宋丽　　　　制单：李海蓝　　　　出纳：张芝华

附单据　张

沈阳市服务业、娱乐业、文化体育业专用发票

发票联　　　　发票代码 211000512231

税务登记号：25699　　　　　　　　　　　　　　　　　　发票号码 02238112
收款单位：　　　　　　　　　　　　　　　　　　　　　　　密　　码
付款单位（个人）：沈阳工程机械股份有限公司　　　　　信息码 2013050206

经营项目	金额
餐费	1 000.00

金额合计（人民币大写）贰仟元整
机打票号：564646

税控装置号：087897

税控装置防伪码：568987　　　　　　　　开票日期：20××年12月2日

收款单位（盖章有效）沈阳五洲大酒店　　　　　　　税控装置打印发票手开无效

（二）账簿资料：根据上列记账凭证登记账簿情况（明细账资料略）

总分类账

会计科目：管理费用

20××年		凭证		摘要	借方	贷方	借或贷	余额
月	日	字	号					

总分类账

会计科目：库存现金

20××年		凭证		摘要	借方	贷方	借或贷	余额
月	日	字	号					
12	9	付字	2	提现备用	900			
12	25	付字	3	总经理办公室报销业务招待费		1 000		

总分类账

会计科目：银行存款

20××年		凭证		摘要	借方	贷方	借或贷	余额
月	日	字	号					
12	9	付字	2	提现备用		900		
12	20	收字	1	收回前欠货款	80 000			

总分类账

会计科目：应收账款

20××年		凭证		摘　要	借　方	贷　方	借或贷	余　额
月	日	字	号					
12	20	收字	1	收回前欠货款		80 000		

总分类账

会计科目：销售费用

20××年		凭证		摘　要	借　方	贷　方	借或贷	余　额
月	日	字	号					
12	25	付字	3	总经理办公室报销业务招待费	1 000			

总分类账

会计科目：管理费用

20××年		凭证		摘　要	借　方	贷　方	借或贷	余　额
月	日	字	号					

五、实验资料准备

收款凭证 1 张，付款凭证 2 张。

实验七　对账和结账

一、实验目的

为了保证各种账簿记录的完整和正确，为编制会计报表提供真实可靠的数据资料，企业期末要做好对账工作。通过本实验，使学生掌握期末对账的内容和方法。

二、实验内容

（1）将总分类账、明细分类账和日记账按要求进行核对。
（2）结出各账户发生额和余额。

三、实验操作知识准备

（一）对账

1. 账证核对

账证核对即各种账簿的记录与据以记账的记账凭证或原始凭证核对相符。账证核对的内容是账簿记录的经济业务发生的日期、凭证种类、号数、内容、记账方向、记账金额等，是否与作为记账依据的会计凭证完全一致。这种核对主要是在日常编制会计凭证和记账过程中逐笔进行的。月末，如果发现账账不符或账实不符，还需要回过头来重新进行有关账证之间的核对，以确保账证相符。

2. 账账核对

账账核对是指各种账簿之间的有关数字应核对相符。具体包括以下四个方面的核对内容。

① 总分类账各账户借方期末余额合计数应与贷方期末余额合计数相等。

② 总分类账现金账户和银行存款账户的期末余额分别与现金日记账和银行存款日记账的期末余额核对相符。

③ 总分类账户各账户的期末余额应与其所属的各明细分类账的期末余额合计数核对相符。

④ 会计部门的各种财产物资明细分类账期末余额应与财产保管和使用部门的有关财产物资明细分类账的期末余额核对相符。

3. 账实核对

账实核对是指各种财产物资的账面余额应与财产物资等的实有数额核对相符。具体包括以下四个方面的核对内容。

① 现金日记账的账面余额应与每日库存现金数额核对相符。

② 银行存款日记账的记录与银行对账单核对相符。

③ 财产物资明细账的账面余额应与财产物资的实有数额核对相符。

④ 各种应收、应付款项的明细分类账的账面余额应与有关债务、债权单位核对相符。

（二）结账

1. 结账前的准备工作

首先，检查本期内日常发生的经济业务是否已全部登记入账，若发现漏账、错账，应及时补记、更正，不能为赶编会计报表而提前结账，把本期发生的经济业务延至下期。

其次，应按照权责发生制的要求进行有关账项调整，以确定本期的收入和费用。账项调整包括以下几个方面。

（1）成本类账户转账。为了正确计算产品成本，期末应首先将制造费用按一定的分配标准由"制造费用"分配转入到"生产成本"明细账户，计入到具体的产品成本中，其次将完工产品的生产成本由"生产成本"账户转入到"库存商品"账户。再次计算并确定本期的产品销售成本，以便与本期营业收入进行配比，确定本期的经营成果。最后进行对账，保证账账相符、账证相符和账实相符。

（2）调整期末应计本期收入和费用的账项，如摊销报刊杂志费、保险费，预提借款利息、修理费等，固定资产折旧、无形资产摊销等业务，也应填制记账凭证，据以转入有关的成本和费用账户中。

（3）损益类和权益类账户的结转。为了正确核算利润，企业要将收入、费用类账户结转到"本年利润"账户。为了正确核算未分配利润，年度终了时，应将全年实现的净利润，由"本年利润"账户结转到"利润分配——未分配利润"账户贷方，将分配出去的利润总额，由"利润分配——提取盈余公积"、"利润分配——应付股利"等明细账转入"利润分配——未分配利润"账户借方。

2. 结账的程序和内容

结账程序主要包括以下两个步骤。

（1）结账前，必须将属于本期内发生的各项经济业务和应由本期受益的收入、负担的费用全部登记入账。

（2）结账时，应结出每个账户的期末余额。

3. 结账的方法

结账时，应当结出每个账户的期末余额。需要结出当月发生额的，应当在摘要栏内注明"本月合计"字样，并在下面通栏划单红线。需要结出本年累计发生额的，应当在摘要栏内注明"本年累计"字样，并在下面通栏划单红线。12月末的"本年累计"就是全年累计发生额，全年累计发生额下应当通栏划双红线，年度终了结账时，所有总账账户都应结出全年发生额和年末余额。

（1）对不需要按月结计本期发生额的账户，如各项应收款明细账和各项财产物资明细账等，每次记账以后，都要随时结出余额，每月最后一笔余额即为月末余额。也就是说，月末余额就是本月最后一笔经济业务记录的同一行内的余额。月末结账时，只需要在最后一笔经济业务记录之下划一单红线，不需要再结计一次余额。

（2）库存现金、银行存款日记账和需要按月结计发生额的收入、费用等明细账，每月结账时，要在最后一笔经济业务记录下面划一单红线，结出本月发生额和余额，在摘要栏内注明"本月合计"字样，在下面再划一条单红线。

（3）需要结计本年累计发生额的某些明细账户，如产品销售收入、成本明细账，每月结账时，应在"本月合计"行下结计自年初起至本月末止的累计发生额，登记在月份发生额下面，在摘要栏内注明"本年累计"字样，并在下面划一单红线。12月末的"本年累计"就是全年累计发生额，全年累计发生额下通栏划双红线。

（4）总账账户平时只需结计月末余额。年终结账时，为了反映全年各项资产、负债及所有者权益增减变动的全貌，便于核对账目，要将所有总账账户结计全年发生额和年末余额，在摘要栏内注明"本年合计"字样，并在合计数下划一双红线。需要结计本月发生额的某些账户，如果本月只发生一笔经济业务，由于这笔记录的金额就是本月发生额，结账时，只要在此项记录下划一单红线，表示与下月的发生额分开就可以了，不需另结出"本月合计"数。

（5）年度终了结账时，有余额的账户，要将其余额结转下年，并在摘要栏内注明"结转下年"字样；在下一会计年度新建有关会计账户的第一行余额栏内填写上年结转的余额，并在摘要栏注明"上年结转"字样。

4. 结账时的注意事项

账簿记录中使用的红字，具有特定的含义，它表示蓝字金额的减少或负数余额。因此，结账时，如果出现负数余额，可以用红字在余额栏登记，但如果余额栏前印有余额的方向（如借方或贷方），则应用蓝黑墨水书写，而不得使用红色墨水。

对于新会计年度建账，一般说来，总账、日记账和多数明细账应每年更换一次。但有些财产物资明细账和债权债务明细账，由于材料品种、规格和往来单位较多，更换新账、重抄一遍的工作量较大，因此，可以跨年使用，不必每年更换一次。各种备查簿也可以连续使用。

四、实验设计

根据实验三、实验四和实验五中编制的会计凭证和账簿资料为主要资料进行对账，并对各账户进行结账处理。

五、实验资料准备

实验五中已登记完整的各账户数据资料。

实验八 银行存款余额调节表的填制

一、实验目的

通过实验，使学生了解银行存款余额调节表的目的，掌握银行存款清查、银行存款余额调节表的编制方法。

二、实验内容

(1) 将银行存款日记账与银行对账单进行核对，找出未达账项。
(2) 编制企业的银行存款余额调节表，确定该企业的银行存款实有余额。

三、实验操作知识准备

(一) 银行存款余额调节表的含义

银行存款余额调节表是在银行对账单余额与企业账面余额的基础上，各自加上对方已收、本单位未收账项数额，减去对方已付、本单位未付账项数额，以调整双方余额使其一致的一种调节方法。

企业发生的银行存款业务，一方面由企业在银行存款日记账中进行记录，另一方面由开户银行在银行对账单中进行记录，因此，为了对企业的银行存款进行清查，通常采用与开户银行核对账目的方法进行。企业应定期将企业的银行存款日记账与开户银行转来的银行对账单进行核对。

(二) 银行存款日记账和银行对账单的核对及银行存款余额调节表的编制

每月月末，应将银行存款日记账与银行对账单进行核对。如不符，原因有两个：一个是记账错误引起的，一个是未达账项引起的，如属于未达账项引起的余额不等，应找出未达账项，编制银行存款余额调节表，核算出月末银行存款的应有数额。

未达账项是指记账双方由于会计凭证传递时间的不同，造成双方在记账上不一致而形成的一方已记账，而另一方尚未记账的事项。在存在未达账项的情况下，应编制银行存款余额调节表，对未达账项进行调整。银行存款余额调节表分为左右两方，每一方设项目和金额两栏。一方调整银行存款日记账的余额，另一方调整银行对账单的余额，具体操作方法为首先将银行存款日记账余额与对账单余额在左右两方分别列出。如左方为银行存款日记账余额，则在左方加上银行已入账、企业未入账而引起银行存款增加的金额，减去银行已入账、企业未入账而引起银行存款减少的金额，然后计算出调整后的余额。右方则加上企业已入账、银行未入账而引起银行存款增加的金额，减去企业已入账、银行未入账而引起银行存款减少的余额，然后计算出调整后的余额，左右两方调整后的余额应相等。

四、实验设计

假定沈阳工程机械股份有限公司20××年12月1日至10日银行存款日记账账面记录和银行对账单分别如表4-14和表4-15所示，要求将银行存款日记账与银行对账单进行核对，找出未达账项，编制该企业12月上旬的银行存款余额调节表（见表4-16），确定该企业的银行存款实有余额。

表4-14 银行存款日记账

单位：元

20××年		凭证号	摘 要	结算凭证		对方科目	借 方	贷 方	余 额
月	日			种类	号数				
12	1		承前页						249 780
12	1	银付25	购入材料	转支	2 603	材料采购		24 000	
12	2	银付26	偿付货款	转支	1 003	应付账款		18 400	
12	2	银付27	提取现金	现支	7 653	库存现金		2 000	
12	3	银付28	支付广告费	转支	2 605	销售费用		18 600	
12	3	银收08	收回货款	委收	1 004	应收账款	14 150		
12	4	银付212	支付保险费	转支	26 012	其他应收款		20 000	
12	4	银付30	代垫运杂费	转支	2 611	应收账款		3 000	
12	4	银付31	预付差旅费	现支	7 654	其他应收款		1 750	
12	5	银收012	销售产品	委收	1 006	主营业务收入	12 475		
12	6	银付32	购入设备	汇票	1 005	固定资产		28 700	
12	6	银收10	预收货款	本票	7 461	预收账款	476 120		
12	7	银付33	购办公用品	转支	2 614	管理费用		300	
12	7	银付34	支付养路费	转支	2 617	管理费用		11 200	

续表

20××年		凭证号	摘 要	结算凭证		对方科目	借 方	贷 方	余 额
月	日			种类	号数				
12	8	银付35	预付货款	转支	2 685	预付账款		25 000	
12	9	银收11	收回货款	委收	14	应收账款	86 125		
12	10	现付012	存入现金	回单	7 658	库存现金	1 000		
12	10	银付36	预付差旅费	现支		其他应收款		13 120	
12	10		小计						673 580

表4－15 银行对账单

单位：元

20××		结算凭证		摘 要	支 出	收 入	余 额
月	日	种类	号数				
12	1			承前页			249 780
12	1	转支	2 603	付货款	24 000		
12	2	现支	7 653	提现金	2 000		
12	3	转支	2 605	付广告费	18 600		
12	4	转支	26 012	付保险费	20 000		
12	5	特转	1 480	存款利息		51 200	
12	5	现支	7 654	提差旅费	1 750		
12	6	本票	7 461	存入货款		476 120	
12	7	转支	2 614	付办公用品款	300		
12	7	转支	2 617	付养路费	11 200		
12	8	转支	1 003	付货款	18 400		
12	9	专托	4 721	付电话费	11 200		
12	10	特转	11 202	贷款利息	1 750		
12	10	回单	7 658	存入现金		1 000	
12	10	专托	11 125	支付水电费	2 400		
12	10	委收	10 012	代收运费		2 000	
12	10	汇票	1 005	购设备	28 700		
12	10						639 800

表4－16 银行存款余额调节表

企业名称：沈阳工程机械股份有限公司　　　20××年12月11日　　　　　　单位：元

项 目	金 额	项 目	金 额
银行存款日记账余额		银行对账单余额	
加：银行已收企业未收		加：企业已收银行未收	
减：银行已付企业未付		减：企业已付银行未付	
调节后余额		调节后余额	

实验九　会计报表实验

一、实验目的

通过实验，使学生掌握资产负债表和利润表的编制方法。

二、实验内容

（1）编制试算平衡表。
（2）编制资产负债表。
（3）编制利润表。

三、实验操作知识准备

（一）资产负债表

1. 资产负债表的概念

资产负债表是反映企业在某一特定日期财务状况的报表。由于资产负债表反映的是某一时点的情况，所以，又称为静态报表。

2. 资产负债表的格式和内容

资产负债表一般有表首和正表两部分。其中，表首概括地说明报表名称、编制单位、编制日期、报表编号、货币名称、计量单位等。正表是资产负债表的主体，列示了用以说明企业财务状况的各个项目。资产负债表的格式分为账户式和报告式两种。根据《财务报表列报》准则的规定，我国企业的资产负债表采用账户式结构。

账户式资产负债表的基本结构分为左右两方，左方为资产方，反映企业各项资产的情况；右方为负债及所有者权益方，反映资产来源的情况。资产各项目金额的合计等于负债和所有者权益各项目金额的合计。

3. 资产负债表的编制方法

1）表中各项"年初余额"的填列

资产负债表"年初余额"栏内各项数字，应根据上年末资产负债表"期末余额"栏内所列数字填列。如果本年度资产负债表规定的各个项目的名称和内容同上年度不相一致，应对上年末资产负债表各项目的名称和数字按照本年度的规定进行调整，填入资产负债表"年初余额"栏内。

2）表中各项"期末余额"的填列

资产负债表"期末余额"栏内各项数字，应根据会计账簿记录填列。其中，大多数项目可以直接根据账户余额填列，少数项目则要根据账户余额进行分析、计算后填列，具体填列方法有以下几种。

（1）直接根据总分类账户期末余额填列。

资产负债表中的大多数项目可以直接根据账户余额填列，如"交易性金融资产"、"应收票据"、"短期借款"、"其他应付款"、"实收资本"、"资本公积""盈余公积"等项目，报表项目与会计科目相同，可根据总账科目的期末余额直接填列。

（2）根据若干个总分类账户的期末余额计算填列。

①"货币资金"项目应根据"现金"、"银行存款"、"其他货币资金"科目的期末余额合计数计算填列。

②"存货"项目应根据"在途物资"、"原材料"、"生产成本"、"周转材料"、"库存商品"等账户余额合计填列。

③"长期股权投资"项目应按照"长期股权投资"账户余额扣除"长期股权投资减值准备"账户余额后填列。

④"固定资产"项目应根据"固定资产"账户余额扣除"累计折旧"和"固定资产减值准备"账户余额后填列。

⑤"无形资产"项目应按照"无形资产"账户余额扣除"累计摊销"和"无形资产减值准备"账户余额后填列。

（3）根据总分类账户所属明细分类账户余额分析、计算后填列。

资产负债表某些项目不能根据总分类账户的期末余额，或若干个总分类账户的期末余额计算填列，需要根据有关账户所属的相关明细账户的期末余额计算后填列。

①"应收账款"项目应根据"应收账款"总分类账户所属的各明细账户的期末借方余额和"预收账款"总分类账户的期末借方余额合计数减去"坏账准备"账户中有关应收账款计提的坏账准备期末余额后的金额填列。

②"预付款项"项目应根据"预付账款"和"应付账款"总分类账户所属各明细分类账户的期末借方余额合计数填列。

③"应付账款"项目应根据"应付账款"和"预付账款"总分类账户所属各明细分类账户的期末贷方余额合计数填列。

④"预收账款"项目应根据"预收账款"和"应收账款"总分类账户所属各明细分类账户的期末贷方余额合计数填列。

（4）根据总账账户和明细账户余额分析、计算后填列。

资产负债表上某些项目需要根据总账账户和明细账户余额分析、计算后填列，如"长期借款"总账账户余额扣除"长期借款"账户所属的明细账户中反映的将在一年内到期的长期借款部分计算填列。

4. 资产负债表编制举例

盛隆公司20××年8月31日有关账户的期末余额如表4-17所示。

表 4 –17　科目余额表

20××年8月31日　　　　　　　　金额单位：元

科目名称	借方余额	贷方余额
库存现金	1 700	
银行存款	401 520	
交易性金融资产	40 000	
应收票据	6 000	
应收账款	80 420	
坏账准备		1 440
预付账款	8 000	
其他应收款	1 600	
原材料	270 000	
生产成本	14 400	
库存商品	276 000	
长期股权投资	60 100	
长期股权投资减值准备		2 000
固定资产原值	4 175 040	
累计折旧		1 608 000
无形资产	1 200 000	
累计摊销		340 000
短期借款		1 025 000
应付账款		158 240
预收账款		20 000
应付职工薪酬		28 640
应交税费		15 900
其他应付款		22 200
长期借款		400 000
股　本		1 800 000
盈余公积		604 320
本年利润		40 000
利润分配		469 040
合　计	6 534 780	6 534 780

说明：以上账户余额中存在如下情况：

（1）"应收账款"总账账户借方余额80 420元由两部分构成：所有借方有余额的明细账户合计90 420元，所有贷方有余额的明细账户合计10 000元；

（2）"预付账款"总账账户借方余额8 000元由两部分构成：所有借方有余额的明细账户合计10 000元，所有贷方余额的明细账户合计2 000元；

（3）"应付账款"总账账户贷方余额158 240元由两部分构成：所有借方有余额的明细账户合计20 000元，所有贷方有余额的明细账户合计178 240元。

根据上述资料，盛隆公司编制了资产负债表，如表4-18所示。

表4-18 资产负债表

编制单位：盛隆公司   20××年8月31日   金额单位：元

资　　产	期末余额	负债及所有者权益	期末余额
流动资产：		流动负债：	
货币资金	403 220	短期借款	1 025 000
交易性金融资产	40 000	交易性金融负债	
应收票据	6 000	应付票据	
应收账款	88 980	应付账款	180 240
预付账款	30 000	预收账款	30 000
应收利息		应付职工薪酬	28 640
应收股利		应交税费	15 900
其他应收款	1 600	应付利息	
存货	560 400	应付股利	22 200
一年内到期的非流动资产		其他应付款	
其他流动资产		一年内到期的非流动负债	
流动资产合计	1 130 200	其他流动负债	
非流动资产：		流动负债合计	1 301 980
可供出售金融资产		非流动负债：	
持有至到期投资		长期借款	400 000
长期应收款		应付债券	
长期股权投资	58 100	长期应付款	
投资性房地产		专项应付款	
固定资产	2 567 040	预计负债	
在建工程		递延所得税负债	
工程物资		其他非流动负债	
固定资产清理		非流动负债合计	400 000
生物性资产		负债合计	1 701 980
油气资产		所有者权益：	
无形资产	860 000	实收资本（股本）	1 800 000
开发支出		资本公积	
商誉			
长期待摊费用		盈余公积	604 320
递延所得税资产		未分配利润	509 040
其他非流动资产		所有者权益合计	2 913 360
非流动资产合计	3 485 140		
资产总计	4 615 340	负债及所有者权益合计	4 615 340

本例中，资产负债表有关项目的数据计算说明如下。

（1）"货币资金"项目金额是根据"库存现金"和"银行存款"两个账户余额合计填列的，即"货币资金" = 1 700 + 401 520 = 403 220 元。

（2）"交易性金额资产"、"应收票据"、"其他应收款"、"短期借款"、"应付职工薪酬"、"应交税费"、"其他应付款"、"长期借款"、"实收资本"和"盈余公积"项目直接根据总账账户余额填列。

（3）"应收账款"项目的金额 = "应收账款"所属明细账的借方余额之和 + "预收账款"所属明细账的借方余额之和 - "坏账准备"账户的余额 = 90 420 + 0 - 1 440 = 88 980元。

（4）"预收账款"项目的金额 = "应收账款"所属明细账的贷方余额之和 + "预收账款"所属明细账的贷方余额之和 = 10 000 + 20 000 = 30 000 元。

（5）"应付账款"项目的金额 = "应付账款"所属明细账的贷方余额之和 + "预付账款"所属明细账的贷方余额之和 = 178 240 + 2 000 = 180 240 元。

（6）"预付账款"项目的金额 = "应付账款"所属明细账的借方余额之和 + "预付账款"所属明细账的借方余额之和 = 20 000 + 10 000 = 30 000 元。

（7）"存货"项目金额是根据"原材料"、"生产成本"和"库存商品"账户余额的合计数填列的，即"存货"项目的余额 = 270 000 + 14 400 + 276 000 = 560 400 元。

（8）"长期股权投资"项目金额是根据"长期股权投资"账户余额减去"长期股权投资减值准备"账户余额后计算填列的，即"长期股权投资"项目的金额 = 60 100 - 2 000 = 58 100 元。

（9）"固定资产"项目的金额是根据"固定资产"账户余额减去"累计折旧"账户余额后计算填列的，即"固定资产"项目的金额 = 4 175 040 - 1 608 000 = 2 567 040 元。

（10）"无形资产"项目的金额是根据"无形资产"账户余额减去"累计摊销"账户余额后计算填列的，即"无形资产"项目的金额 = 1 200 000 - 340 000 = 860 000 元。

（11）"本年利润"贷方余额 40 000 元代表公司当年实现的利润，"利润分配"贷方余额 469 040 代表公司截止到上年末累计留存的利润。在填列资产负债表期末数时，要将这二者加总计算"未分配利润"项目金额，代表截止到 20××年8月31日累计留存的利润。因此，"未分配利润"项目的金额 = 40 000 + 469 040 = 509 040 元。

（二）利润表

1. 利润表的概念

利润表又称收益表、损益表，它是反映企业在一定会计期间（如年度、季度、月份）内经营成果的财务报表。利润表是以"收入 - 费用 = 利润"的会计等式为依据编制的。在利润表中，将一个会计期间内的收入、收益与同一会计期间的成本、费用进行配比，求出该会计期间的净利润（亏损）。由于利润表反映的是某一期间的情况，所以，利润表又称为动态报表。

2. 利润表的格式

利润表作为一个反映企业经营成果的财务报表，必须包括影响某一会计期间的所有损益内容，既要包括来自生产经营方面已实现的各项收入和已耗费的需要在本期配比的各项成本、费用，也要包括本期发生的投资收益（或损失）和各项营业外收支。

利润表的格式有单步式和多步式两种。单步式利润表不按企业利润的构成内容逐步计算，而是将本期所有收入加在一起，然后将所有费用加在一起，两者相减，一次计算得出当期损益。多步式利润表是将利润表内容作多项分类列示，通过多步计算最终得出公司利润或亏损。它根据经营活动与非经营活动对企业利润的贡献情况排列编制。我国企业的利润表采用多步式，其步骤如下：

（1）先计算营业利润，公式为：营业利润＝营业收入－营业成本－营业税金及附加－销售费用－管理费用－财务费用－资产减值损失＋公允价值变动收益＋投资收益。

（2）计算利润总额，公式为：利润总额＝营业利润＋营业外收入－营业外支出。

（3）计算净利润，公式为：净利润＝利润总额－所得税费用。

3. 利润表的编制方法。

（1）本月金额的填列方法。

①"营业收入"项目应根据"主营业务收入"和"其他业务收入"账户的本月发生额合计填列。

②"营业成本"项目应根据"主营业务成本"和"其他业务成本"账户的本月发生额合计填列。

③"营业税金及附加"、"销售费用"、"管理费用"、"财务费用"、"资产减值损失"、"营业外支出"、"营业外收入"和"所得税费用"项目应根据各自总分类账户的发生额合计填列。

④"公允价值变动收益"项目应根据"公允价值变动损益"账户的本期发生额分析填列，如果为公允价值变动损失，则以"－"号填列。

⑤"投资收益"项目应根据"投资收益"账户的本期发生额分析填列，如果为投资损失，则以"－"号填列。

⑥"对联营企业和合营企业的投资收益"项目反映对联营企业和合营企业投资所取得的投资收益，本项目应根据"投资收益"账户所属的明细分类账户的本期发生额分析填列，如果为投资损失，则以"－"号填列。

⑦"非流动资产处置损失"项目反映企业发生的非流动资产处置损失。本项目应根据"营业外支出"账户所属明细分类账户的本期发生额分析填列。

⑧报表中的其他项目，如"营业利润"、"利润总额"和"净利润"应按照一定的公式计算后填列。

（2）本年累计金额的填列方法。

本年累计金额反映各项目自年初起至本月末止的累计实际发生数，其金额等于截至上月末的累计金额与本月金额之和。

（3）上年金额的填列方法。

在编制年度报表时，应将表中"本年累计金额"改为"上年金额"，填列上年全年累计实际发生数。如果上年度利润表的项目名称和内容与本年度利润表不相一致，应对上年度报表项目的名称和数字按本年度的规定进行调整，填入"上年金额"栏。

4. 利润表编制方法举例

盛隆公司20××年8月份有关账户的本期发生额如表4-19所示。

表4-19 盛隆公司损益类账户发生额

20××年8月

账户名称	发生额	账户名称	发生额
主营业务收入	1 000 000	管理费用	160 000
主营业务成本	600 000	财务费用	3 000
营业税金及附加	80 000	投资收益	10 000
销售费用	120 000	营业外收入	1 000
其他业务收入	30 000	营业外支出	2 000
其他业务成本	16 000	所得税费用	20 000

根据以上资料编制盛隆公司多步式利润表，如表4-20所示。

表4-20 利润表

编制单位：盛隆公司　　　　　　20××年8月　　　　　　金额单位：元

项　目	本月金额	本年累计金额
一、营业收入	1 030 000	
减：营业成本	616 000	
营业税金及附加	80 000	
销售费用	120 000	
管理费用	160 000	
财务费用	3 000	
资产减值损失		
加：公允价值变动收益（损失以"-"号填列）		
投资收益（损失以"-"号填列）	10 000	
其中：对联营企业和合营企业的投资收益		
二、营业利润	61 000	
加：营业外收入	1 000	
减：营业外支出	2 000	
其中：非流动资产处置损失		
三、利润总额（亏损以"-"号填列）	60 000	
减：所得税费用	20 000	
四、净利润（净亏损以"-"号填列）	40 000	
五、每股收益		
（一）基本每股收益		
（二）稀释每股收益		

本例中，营业收入=主营业务收入+其他业务收入=1 000 000+30 000=1 030 000元；营业成本=主营业务成本+其他业务成本=600 000+16 000=616 000元。

四、实验设计

根据模拟企业资料和实验七结账后的数据编制沈阳工程机械股份有限公司20××年1月份的资产负债表和利润表。

五、实验资料准备

总分类账户本期发生额及余额试算平衡表1张，资产负债表1张，利润表1张。

实验十　会计档案的整理与保管

一、实验目的

通过实验，使学生了解会计凭证、账簿装订与保管的目的和要求，掌握如何整理和装订会计凭证。

二、实验内容

(1) 会计凭证装订前的整理。
(2) 会计凭证的装订。
(3) 会计凭证保管。

三、实验操作知识准备

（一）会计凭证的整理和装订

会计凭证装订前的整理工作如下：
(1) 分类整理，按顺序排列，检查日数、编号是否齐全；
(2) 按凭证汇总日期归集（如按上、中、下旬汇总归集），确定装订成册的本数；
(3) 摘除凭证内的金属物（如订书钉、大头针、回形针）。对大的张页或附件要折叠成与记账凭证大小相同，且要避开装订线，以便翻阅。保持数字完整；
(4) 整理检查凭证顺序号，如有颠倒要重新排列，发现缺号要查明原因。再检查附件有否漏缺，领料单、入库单、工资及奖金发放单是否随附齐全；
(5) 记账凭证上有关人员（如财务主管、复核、记账、制单等）的印章是否齐全。

（二）会计凭证装订时的要求

（1）用"三针引线法"装订。装订凭证应使用棉线，在左上角部位打上三个针眼，实行三眼一线打结，结扣应是活的，并放在凭证封皮的里面，装订时尽可能缩小所占部位，使记账凭证及其附件保持尽可能大的显露面，以便于事后查阅。

（2）凭证外面要加封面，封面纸用上好的牛皮纸印制，封面规格略大于所附记账凭证。

（3）装订凭证厚度一般为1.5厘米，方可保证装订牢固，美观大方。

（三）会计凭证装订后的注意事项

（1）每本封面上填写好凭证种类、起止号码、凭证张数、会计主管人员和装订人员签章。

（2）在封面上编好卷号，按编号顺序入柜，并要在显露处标明凭证种类编号，以便于调阅。

四、实验设计

将实验三至实验九完成的实验内容整理或装订，凭证装订为一本，总账、明细账和日记账装订成一本，银行存款余额调节表、会计报表和错账更正资料单独装订。

第五章 综合实验

一、实验目的和要求

为了进一步使学生熟悉会计操作的业务内容和业务操作过程，全面把握会计核算的工作过程和方法，我们把洲山照明灯具股份有限公司 12 月份的实际经济业务作为综合模拟实验资料，由同学们动手完成。要求同学们在教师指导下，完成从建账、填制和审核原始记账凭证、登记账簿、成本核算、结账与对账，到编制会计报表的全部会计核算工作。通过本实验，使学生掌握企业日常账务处理的基本技能，完成一次会计循环，从而全面提高学生的实务操作能力。

二、实验内容

（1）根据洲山照明灯具股份有限公司 12 月份的期初账户余额表，设置总分类账及明细分类账，并登记期初余额。

（2）根据洲山照明灯具股份有限公司 12 月份发生的经济业务编制通用记账凭证。

（3）根据填制和审核无误的记账凭证登记日记账、明细分类账和总分类账。

（4）根据发生的成本业务计算该厂两种产品汞灯和钠灯的成本。

（5）期末结计各个账户的发生额和余额。

（6）根据账户发生额及余额编制该厂 12 月份的资产负债表和利润表。

三、业务资料

（一）企业概况

企业名称：洲山照明灯具股份有限公司

企业性质：有限责任公司

注册资金：200 万元

经营范围：主要生产汞灯和钠灯两种灯具

企业组织设置：行政部、生产车间、采购部、销售部

法定代表人：刘冬晨

财务负责人：冯晓丹

单位地址：洲山市古树区工学里 95 号

开户行及银行账号：工商银行北连支行，6222 0233 0600 6856 443

纳税登记号：210 710 000 082 565

出纳员：张芝华

制单员：李海蓝

审核人员：宋丽

记账：于思洋

电话：0418 - 2456782

（二）主要会计政策与核算方法

（1）账务处理程序选择：企业选用科目汇总表账务处理程序，每半月汇总一次，并登记总账。

（2）资产政策核算与办法。

① 库存现金限额为 2 000 元，采用一次报销备用金制度。

② 原材料费用按实际成本核算，发出原材料单位成本按个别计价法计算。

③ 包装物和低值易耗品采用实际成本计价。

④ 固定资产折旧方法为平均年限法。

⑤ 无形资产按月平均摊销。

（3）成本费用核算政策与办法：采购费用按材料重量进行分配，制造费用按各产品实际工时进行分配，销售产品成本按全月一次加权平均法计算。

（4）适用的增值税税率为17%，适用的企业所得税税率为25%。

（三）企业期初账户余额

洲山照明灯具股份有限公司总分类账 12 月初余额如表 5 - 1 所示。

表 5 - 1　洲山照明灯具股份有限公司总账账户余额

20 × × 年 12 月 1 日　　　　　　　　　　　　　单位：元

账户名称	借方余额	账户名称	贷方余额
库存现金	2 000	短期借款	300 000
银行存款	459 000	应付账款	51 464
应收账款	12 000	应交税费	1 140
坏账准备	-36	实收资本	957 320
其他应收款	3 320	盈余公积	160 000
原材料	62 000	利润分配	40 500
库存商品	500 000	本年利润	655 000
长期股权投资	401 140		
固定资产	800 000		
累计折旧	-74 000		
合计	2 165 424	合计	2 165 424

该公司明细分类账12月初余额如表5-2所示。

表5-2　洲山照明灯具股份有限公司明细分类账账户余额

20××年12月1日

总账账户	明细账户	数　　量	单价/元	金　　额	
				借　方	贷　方
应收账款	厦门灯具电器商场			2 000	
	洲山市工艺电器厂			4 000	
	天津市祥和电器商场			6 000	
其他应收款	张玫			3 000	
	报刊杂志费	20			
	财产保险费	300			
原材料	石英管材	800 千克	40	32 000	
	荧光粉	60 千克	400	24 000	
	铸铁	300 千克	20	6 000	
库存商品	汞灯	10 000 只	30	300 000	
	钠灯	4 000 只	50	200 000	
固定资产	生产车间房屋及建筑物			200 000	
	生产车间机器设备			350 000	
	行政部房屋及建筑物			150 000	
	销售部房屋及建筑物			100 000	
累计折旧	生产车间房屋及建筑物			9 600	
	生产车间机器设备			27 400	
	行政部房屋及建筑物			22 200	
	销售部房屋及建筑物			14 800	
应付账款	烟台金立荧光粉厂				30 000
	南京海东石英管材厂				21 464
应交税费	未交增值税				1 020
	应交所得税				120

洲山照明灯具股份有限公司20××年12月份发生的经济业务如下。

(1) 12月1日，向银行购入现金支票和转账支票各一本，以库存现金支付款项。原始凭证：收费凭证如下。

中国工商银行　　　收费凭证

20×× 年 12 月 1 日

单位名称	洲山照明灯具股份有限公司		账　号	6222023306006856443	
项目名称	起止号码	数　量		单　价	金额/元
现金支票	93300001— 93300020	1		30.00	30.00
转账支票	00334401— 00334420	1		30.00	30.00
合计人民币（小写）60.00 元					
合计人民币（大写）陆拾元整					

填票人：付文　　　　　　　　　　　　　　　　　单位名称（盖章有效）

（2）12 月 2 日，从国税局购入增值税发票一本，以库存现金支付款项。原始凭证：收费凭证如下。

洲山市国家税务局
票证工本费收据

购买日期：20×× – 12 – 1　　　　　　　　　　　财 B 128 – 06 – 12
No 01989023

企业名称：洲山照明灯具股份有限公司　　　　　　发票鉴定号：18246666

项目名称	起止号码	数　量	单　价	金额/元
增值税专用发票	1500006122001— 1500006122300	2	30.00	60.00
合计人民币（小写）60.00 元				
合计人民币（大写）陆拾元整				

填票人：孙宁　　　　　　　　　　　　　　　　　单位名称（盖章有效）

（3）12 月 2 日，电汇给大连玻璃制品有限公司，预付购买玻璃的货款 20 000 元。原始凭证：中国工商银行电汇凭证如下。

中国工商银行　电汇凭证（回单）　　1

委托日期 20×× 年 12 月 2 日　　　　　　　　　第 0023 号

汇款人	全　称	洲山照明灯具股份有限公司	收款人	全　称	大连玻璃制品有限公司										
	账　号	6222023306006856443		账　号	654222121 –26										
	汇出地点 洲山	汇出行名称 北连支行		汇入地点 大连	汇入行名称 工行沙河口支行										
						千	百	十	万	千	百	十	元	角	分
汇入金额	人民币（大写）贰万元整							¥	2	0	0	0	0	0	0
汇款用途	预付货款			汇出银行盖章 20×× 年 12 月 2 日											

（4）12 月 3 日，销售给洲山国华电子商场汞灯 100 只，单价 50 元，钠灯 100 只，单价 80 元，增值税税率为 17%，对方开出 6 个月期的商业承兑汇票一张。原始凭证：增值税专用发票、商业承兑汇票如下。

辽宁增值税专用发票

此联不作报销、扣税凭证使用

1111091620

No 12972222

开票日期：20××年12月3日

购货单位	名　　称：洲山国华电子商场 纳税人识别号：210342678545212 地址、电话：洲山市大园路56号 开户行及账号：工商银行大西支行，6222033301005011597			密码区		略		
货物或应税劳务	规格型号	单位	数量	单价	金额	税率	税额
汞灯		只	100	50.00	5 000.00	17%	850.00
钠灯		只	100	80.00	8 000.00	17%	1 360.00
合计					￥13 000		￥2 210
价税合计（大写）	壹万伍仟贰佰壹拾零元零角零分				（小写）￥15 210.00		
销货单位	名　　称：洲山照明灯具股份有限公司 纳税人识别号：210710000082565 地址、电话：洲山市古树区工学里95号0417－4343668 开户行及银行账号：工商银行北连支行，6222023306006856443			备注		结算方式：转账		

收款人：王颖　　　　　复核：王青军　　　　　开票人：王颖　　　　　销货单位（章）

中国工商银行　　　商业承兑汇票　　　汇票号码

出票日期（大写）贰零某某年壹拾贰月零叁日　　　　　　第　　号

出票人全称	洲山国华电子商场		收款人	全　称	洲山照明灯具股份有限公司									
出票人账号	6222033301005011597			账　号	6222023306006856443									
付款行全称	洲山工商银行大西支行			开户银行	工商银行北连支行									
汇票金额	人民币（大写）壹万伍仟贰佰壹拾元整					千	百	十	万	千	百	十	元	角	分
								￥	1	5	2	1	0	0	0
汇票到期日（大写）	贰零某某年零伍月零肆日	交易合同号吗		7469									
收款人开户银行（盖章） 复核　　会计	汇票签发人（盖章） 负责　　经办		科目（借） 对方科目（贷） 转账日期　　年　月　日 复核　　记账										
备注：													

（5）12月3日，以银行存款向地震灾区捐款20 000元。原始凭证：支票存根、接受捐赠收据如下。

中国工商银行
转账支票存根（辽）
Ⅵ Ⅱ 00112××
科 目 <u>银行存款</u>
对方科目
出票日期 20××年12月3日

收款人：中国红十字委员会
金 额：20 000.00
用 途：捐赠款
备 注

单位主管： 会计：

公益性单位接受捐赠统一收据

国财00201 20××年12月3日 No：00196333

捐赠人：<u>洲山照明灯具股份有限公司</u>
捐赠项目：为地震灾区捐款
捐赠金额：人民币贰万元整 ￥20 000
收款单位：中国红十字委员会 收款人：杨妍
（公章） （签章） 20××年12月3日

第二联 损赠人

（6）12月4日，洲山照明灯具股份有限公司收到辽宁广大投资公司投入的货币资金 100 000 元，存入银行。原始凭证：投资协议书、中国工商银行进账单如下。

投资协议书	
投资方	接受投资方
企业名称：辽宁广大投资公司	企业名称：洲山照明灯具股份有限公司
企业地址：沈阳市文化路88号	企业地址：洲山市古树区工学里95号
开户银行：工行文化支行	开户银行：工商银行北连支行
账 号：100101025202－21	账 号：6222023306006856443
联系电话：024－81190001	联系电话：0418－2456782

今有辽宁广大投资公司以银行存款10万元对洲山照明灯具股份有限公司投资，占洲山照明灯具股份有限公司5%的股份。洲山照明灯具股份有限公司应按辽宁广大投资公司所占股份，根据董事会决议比例予以分配红利；辽宁广大投资公司应按投资所占股份比例承担洲山照明灯具股份有限公司投资的亏损额。

本协议自签字之日起生效，若一方违约，按有关法律条款处理。

法人代表：（签章）刘冬晨 法人代表：（签章）李氏虹
签订日期：20××年12月4日 签订日期：20××年12月4日

中国工商银行 进 账 单 （收账通知）

20××年12月4日　　　　　　　　　　　　　　　　　第028号

付款人	全　称	辽宁广大投资公司	收款人	全　称	洲山照明灯具股份有限公司
	账　号	10010102520221		账　号	6222023306006856443
	开户银行	工行文化支行		开户银行	中国工商银行北连支行

人民币（大写）壹拾万元整	千	百	十	万	千	百	十	元	角	分
		¥	1	0	0	0	0	0	0	0

票据种类	转账支票	
票据张数	1 张	收款人开户银行盖章
单位主管　会计　复核　记账		

（7）12月4日，销售给大连市五金交电大楼灯具部汞灯1 000只，单价50元。增值税税率为17%，款项收到后存入银行。原始凭证：增值税专用发票、中国工商银行进账单如下。

辽宁增值税专用发票
发 票 联

1011091666

No 1285676

开票日期：20××年12月4日

购货单位	名　称：大连市五金交电大楼 纳税人识别号：2112567456889567 地址、电话：大连市西岗区花园路6号 开户行及账号：工行西岗支行6452260003－88					密码区	略	
货物或应税劳务	规格型号	单位	数量	单价	金额	税率	税额	
汞灯	400W	只	1 000	50	50 000.00	17%	8 500.00	
合计					¥ 50 000.00		¥ 8 500.00	
价税合计（大写）	零佰零拾伍万捌仟伍佰零拾元零角零分					（小写）　¥ 58 500.00		
销货单位	名称：洲山照明灯具股份有限公司 纳税人识别号：210710000082565 地址、电话：洲山市古树区工学里95号 0418－2456782 开户行及账号：工商银行北连支行6222023306006856443					备注		

收款人：张芝华　　　　复核：张涛　　　　开票人：李刚　　　　销货单位：（章）

中国工商银行　进 账 单 （收账通知）

20××年12月4日　　　　　　　　　　　　　　　　　第028号

付款人	全　称	大连市五金交电大楼	收款人	全　称	洲山照明灯具股份有限公司
	账　号	6452260003－88		账　号	6222023306006856443
	开户银行	工行西岗支行		开户银行	中国工商银行北连支行

人民币（大写）伍万捌仟伍佰元整	千	百	十	万	千	百	十	元	角	分
			¥	5	8	5	0	0	0	0

票据种类	转账支票	
票据张数	1 张	收款人开户银行盖章
单位主管　会计　复核　记账		

（8）12月5日，行政科报销购买办公用品款，以库存现金支付。原始凭证：普通发票如下。

辽宁省商业企业专用发票
发 票 联

111000511001

客户名称：洲山照明灯具股份有限公司　　　20××年12月5日　　　No 0076889

编号	商品名称	规格	单位	数量	单价	金额								
						十万	千	百	十	元	角	分
	打印纸		包	60	6			3	6	0	0	0
			盒	30	8			2	4	0	0	0
			小写金额合计				¥	6	0	0	0	0
大写金额		零拾零万零仟陆佰零拾零元零角零分										

开票单位（盖章有票）专用章　　　　　　开票人：程娜

（9）12月5日，购入运输货车一辆，价值200 000元，购入时缴纳增值税进项税额34 000元。原始凭证：增值税专用发票、固定资产交接验收单、电汇凭证如下。

北京市增值税专用发票
发 票 联

1101011110　　　　　　　　　　　　　　No 11020000

开票日期：20××年12月5日

购货单位	名　称：洲山照明灯具股份有限公司 纳税人识别号：210710000082565 地址、电话：洲山市古树区工学里95号 开户行及账号：中国工商银行北连支行6222023306006856443	密码区	略

货物或应税劳务	规格型号	单位	数量	单价	金额	税率	税额
运输货车	CA142	辆	1	200 000	200 000.00	17%	34 000.00
合　计					¥200 000.00		¥ 34 000.00

价税合计（大写）	贰拾叁万肆仟零佰零拾零元零角零分	（小写）¥ 234 000.00

销货单位	名　称：北京力众汽车制造有限公司 纳税人识别号：102208000223649 地址、电话：北京市昌平区永安路6号 010－66407890 开户行及账号：工行昌平支行100101025202－21	备注	结算方式：转账 102208000223649

收款人：李璐　　　复核：王娜　　　开票人：李璐　　　销货单位（章）发票专用章

运输单位（盖章）　　　开票人：刘红　　　承运驾驶员：李清　　　20××年12月6日

固定资产交接验收单
20××年12月5日
单位：元

名称	规格	型号	单位	数量	价格	增值税
运输货车		CA142	辆	1	200 000	34 000
合计	人民币（大写）贰拾叁万肆仟元整			人民币（小写）¥234 000		
使用部门	销售部			预计使用年限	10 年	

单位主管：张虹宇　　　制单：武红　　　接收人：钱艳

中国工商银行 电汇凭证（回单） **1**

委托日期20××年12月5日   第0046号

汇款人	全 称	洲山照明灯具股份有限公司	收款人	全 称	北京市力众汽车制造有限公司			
	账号	6222023306006856443		账号	100101025202－21			
	汇出地点	洲山	汇出行名称	工商银行开发区支行	汇入地点	北京	汇入行名称	工行昌平支行

汇入金额	人民币（大写）贰拾叁万肆仟元整	千 百 十 万 千 百 十 元 角 分
		¥ 2 3 4 0 0 0 0 0

汇款用途：购车	汇出银行盖章 20××年12月5日
单位主管　　会计　　复核　　记账	

（10）12月6日，收到银行转来的收账通知，上月应收厦门灯具商城的款项2 000元，已收妥入账。原始凭证：中国工商银行托收承付凭证如下。

中国工商银行 托收承付凭证（承付收账通知）

委托日期：20××年12月6日   N o 20××1234

收款人	全 称	洲山照明灯具股份有限公司	付款人	全 称	厦门灯具商城
	账号	210710000082565		账号	1296456000－20
	开户银行	中国工商银行北连支行		开户银行	工商银行公园路支行

委托收款金额	人民币（大写）贰仟元整	千 百 十 万 千 百 十 元 角 分
		¥ 2 0 0 0 0 0

附寄单据	4	商品发运情况	铁路货运	合同号码	2120

备注：电划	本托收款项已由付款人开户行全额划回并收入你账户。收款人开户银行盖章 20××年9月15日	科目（借）对方科目（贷）汇出日期　年　月　日 单位主管　会计 复核　记账

（11）12月7日，根据合同的约定以电汇方式支付上月从南京海东石英管材厂购入的材料款21 464元。原始凭证：中国工商银行电汇凭证如下。

中国工商银行 电汇凭证（回单） **1**

委托日期20××年12月7日   第0035号

汇款人	全 称	洲山照明灯具股份有限公司	收款人	全 称	南京海东石英管材厂			
	账号	6222023306006856443		账号	1871112345－2752			
	汇出地点	洲山	汇出行名称	工商银行北连支行	汇入地点	南京	汇入行名称	工行海东支行

汇入金额	人民币（大写）贰万壹仟肆佰陆拾肆元整	千 百 十 万 千 百 十 元 角 分
		¥ 2 1 4 6 4 0 0

用途：预付材料款	汇出银行盖章 20××年12月7日
单位主管　　会计　　复核　　记账	

（12）12 月 8 日，收到本市洲山光明电器用品商场支付购买产品的订金 20 000 元，收到转账支票一张已送存银行，货物于下个月交货。原始凭证：中国工商银行进账单如下。

中国工商银行　进账单（收账通知）

20××年12月8日　　　　　　　　　　第 028 号

付款人	全　称	洲山光明电器用品商场	收款人	全　称	洲山照明灯具股份有限公司	此 联 是 银 行 给 收 款 人 的 收 账 通 知
	账　号	21033088868		账　号	6222023306006856443	
	开户银行	工商银行信口支行		开户银行	中国工商银行北连支行	

人民币（大写）贰万元整		千 百 十 万 千 百 十 元 角 分 ￥ 2 0 0 0 0 0 0
票据种类	转账支票	
票据张数	1 张	收款人开户银行盖章
单位主管　　　会计　　　复核　　　记账		

（13）12 月 9 日，向本市洲山钢铁公司购入铸铁 100 千克，单价 20 元，铝板 300 千克，单价 10 元，增值税税率为 17%，开出支票支付货款、税金及运费。原始凭证：增值税专用发票、运费收据、转账支票存根、材料采购费用分配表、材料采购成本计算表、材料入库单如下。

辽宁增值税专用发票

发 票 联

1011091666　　　　　　　　　　　　　　　　　　　　　　N o 563256

　　　　　　　　　　　　　　　　　　　　　　开票日期：20××年12月9日

购货单位	名　　称：洲山照明灯具股份有限公司 纳税人识别号：210710000082565 地址、电话：洲山市古树区工学里 95 号 开户行及账号：中国工商银行北连支行 6222023306006856443	密码区	略

货物或应税劳务	规格型号	单位	数量	单价	金额	税率	税额
铸铁		千克	100	20	2 000.00	17%	340.00
铝板		千克	300	10	3 000.00	17%	510.00
合计					￥5 000.00		￥850.00

价税合计（大写）	零拾零万伍仟捌佰伍拾零元零角零分	（小写）￥5 850.00

销货单位	名　　称：洲山钢铁公司 纳税人识别号：210265867999213 地址、电话：洲山市沧水区 0418 - 7689 434 开户行及账号：建设银行东海支行 4050 - 1100012 - 164 - 18	备注	结算方式：转账支付 210265867999213

收款人：张平　　　　复核：尚昆　　　　开票人：张平　　　　销货单位（章）

运费收据

购货单位：洲山照明灯具股份有限公司　　　20××年12月9日　　　　　　　　　　　编号：234

货物名称	单位	重量	金额
材料	千克	400	96
合计			￥96
玖拾陆元整			

中国工商银行
转账支票存根（辽）
Ⅵ Ⅱ　00112××
科　目　银行存款
对方科目
出票日期　20××年12月9日

收款人　洲山钢铁公司
金　额　5 946.00
用　途　货款
备　注

单位主管：　　　会计：

材料采购费用分配表

项目	分配标准（材料重量）	分配率（元/千克）	分配金额
铸铁	100		
铝板	300		
合计			

会计主管：冯晓丹　　　　　　复核：孙超　　　　　　制单：王晶

材料采购成本计算表

成本项目	铸铁（100 千克）		铝板（300 千克）	
	总成本	单位成本	总成本	单位成本
买价				
采购费用				
材料采购成本				

会计主管：冯晓丹　　　　　　复核：孙超　　　　　　制单：工晶

材料入库单

供货单位：洲山钢铁公司　　　　　　　　　　　　　　　　凭证编号：20××0603
发票编号：563256

20××年12月9日　　　　　　　　　　收料仓库：1号库

材料类别	材料规格	计量单位	数量		金额/元			
				实收	单价	买价	运杂费	合计
铸铁		千克	100	100	20	2 000	24	2 024
铝板		千克	300	300	10	3 000	72	3 072
合计								5 096

（14）12月10日，处置不再使用的铸铁一批，取得现金收入。原始凭证：收款收据如下。

收　据

20××年12月10日

No：09900

今收到　五里路废品收购站		
人民币（大写）伍拾元整		
事由：销售不需用铸铁款	现金：√	
	支票：	
收款单位　洲山照明灯具股份有限公司	财务主管　冯晓丹	收款人　张芝华

第二联 记账

（15）12月10日，向银行借入为期6个月的借款100 000元存入银行。原始凭证：中国工商银行贷款凭证（入账通知）如下。

中国工商银行（短期贷款）借款凭证（入账通知）

单位编号：2456　　　　日期：20××年12月10日　　　　银行编号：8578

收款单位	名　称	洲山照明灯具股份有限公司	付款单位	名　称	中国工商银行北连支行
	往来账号	6222023306006856443		往来账号	220000111
	开户银行	中国工商银行北连支行		开户银行	中国工商银行北连支行

借款金额	人民币（大写）壹拾万元整	千百十万千百十元角分
		￥1 0 0 0 0 0 0

借款原因及用途	生产周转	利率	6%

借款期限

期限	计划还款日期	计划还款金额
6个月	20××年6月10日	100 000.00

你单位上列借款，已转入你单位结算账户内。借款到期时由我行按期自你单位结算账户转还。
此致

中国工商银行洲山分行
北　连　支　行
转讫
（银行盖章）
20××年12月10日

此联是银行给借款单位的入账通知

（16）12月11日，向连云港市伟达石英材料有限公司购入石英管材5 000千克，单价40元，增值税税率为17%，货款及税金已用电汇结算，材料已到达并且验收入库。原始凭证：增值税专用发票、中国工商银行电汇凭证、材料入库单如下。

江苏增值税专用发票
发票联

1011091666

N̲o̲ 1285676

开票日期：20××年12月21日

| 购货单位 | 名　　称：洲山照明灯具股份有限公司
纳税人识别号：210710000082565
地址、电话：洲山市古树区工学里95号 0418－2456782
开户行及账号：工商银行北连支行6222023306006856443 | | | | 密码区 | | 略 | |

货物或应税劳务	规格型号	单位	数量	单价	金额	税率	税额
石英管材		千克	5 000	40	200 000.00	17%	34 000.00
合　　计					¥ 200 000.00		¥ 34 000.00

税合计（大写）	贰拾叁万肆仟零佰零拾零元零角零分	（小写）　¥ 234 000.00

| 销货单位 | 名　　称：连云港市伟达石英材料有限公司
纳税人识别号：210232454699009
地　址、电话：连云港市沧水区 0518－7689434
开户行及账号：工行东海支行 | 备注 | 结算方式：转账支付
210232454699009 |

收款人：张平　　　　复核：尚昆　　　　开票人：张平　　　　销货单位：（章）

中国工商银行　电汇凭证（回单）　　**1**

委托日期 20××年12月11日　　　　　　　　　第 0036 号

汇款人	全　称	洲山照明灯具股份有限公司	收款人	全称	连云港市伟达石英材料有限公司
	账　号	6222023306006856443		账号	32072206802346
	汇出地点	洲山市	汇出行名称	工商银行北连支行	汇入地点	连云港	汇入行名称	工行东海支行

| 汇入金额 | 人民币（大写）贰拾叁万肆仟元整 | 千 百 十 万 千 百 十 元 角 分
￥ 2 3 4 0 0 0 0 0 |

汇款用途：采购专户

单位主管　　　会计　　　复核　　　记账　　　　汇出银行盖章
　　　　　　　　　　　　　　　　　　　　　　　20××年12月11日

材料入库单

供货单位：连云港市伟达石英材料有限公司　　　　　凭证编号：20××0603

发票编号：1285676

20××年12月11日　　　　　　　收料仓库：1号库

材料类别	材料规格	计量单位	数量		金额/元			
			应收	实收	单价	买价	运杂费	合计
	直径8—9mm	公斤	5 000	5 000	40	200 000.00		
合计								

（17）12月12日，采购部周国军出差，暂借差旅费 2 000 元，财务科当即以现金付讫。

原始凭证：借款单如下。

借款单

20××年12月12日   单位：元

工作部门	行政部		姓名	周国军
借款理由			去广州采购材料	
借款金额	￥2 000.00		批准金额	￥2 000.00
人民币（大写）		贰仟元整	付款方式	现金
借款人签字	周国军	财务负责人	冯晓丹	单位领导审批	刘冬晨

（18）12月14日，销售员张玫出差归来报销差旅费。原始凭证：差旅费报销单、收据如下。

差旅费报销单

部门：销售部   20××年12月14日   金额单位：元

起日		止日		合计天数	各项补助费												车船杂支费							合计金额
					伙食补助			住宿补助			未买卧铺补助			夜间乘硬座超过12小时补助	火车费	汽车费	轮船费	飞机费	市内交通费	住宿费	其他杂支		
月	日	月	日		天数	标准	金额	天数	标准	金额	票价	标准	金额										
12	10	12	12	3	3	18	54											2 000	400				2 454

合计人民币大写	零万贰仟肆佰伍拾肆元零角零分		
原借差旅费 _____3 000_____ 元	报销 _____2 454_____ 元	超支/节余546 元	
出差事由	合同洽谈	出差人	张玫	附单据	张

审批人签字：刘冬晨   会计主管签字：冯晓丹   经手人签字：张玫

收　据

20××年12月14日   No：09900

今收到	张玫		
人民币（大写）伍佰肆拾陆圆整			￥546.00
事由：张玫交回差旅费余款	现金：√		
	支票：		
收款单位	洲山照明灯具股份有限公司	财务主管	冯晓丹	收款人	张芝华

第二联　记账

（19）12月15日，以现金支付上月应交增值税1 020元，应交所得税120元。原始凭证：税务局专用缴款书如下。

税务局专用缴款书

填制日期：　　　　　　　20××年12月15日　　　　　　　　编号：0212

收款人	全称	市税务局	缴款人	全称	洲山照明灯具股份有限公司
	级次	市级		账号	6222023306006856443
	收缴金库	市国库		开户银行	中行北连支行

税款所属时期：20××年11月　　　　　　　税款限缴日期：20××年12月15日

| 税款名称 | 计缴基数 | 比例 | 扣除比例 | 应扣金额 | 应缴金额 |
| 增值税 | ★ 6000.00 | 17% | | | 1 020 |

实缴合计（大写）壹仟零贰拾元整　　　　　　　　　　　¥1 020.00

| 备注：（缴款单位印章） | （税务机关章） | 上列款项已收托妥并划转收款单位账户。 |

税务局专用缴款书

填制日期：　　　　　　　201×年12月15日　　　　　　　　编号：0956

收款人	全称	市税务局	缴款人	全称	洲山照明灯具股份有限公司
	级次	市级		账号	6222023306006856443
	收缴金库	市国库		开户银行	中行北连支行

税款所属时期：20××年11月　　　　　　　税款限缴日期：20××年12月15日

| 税款名称 | 计缴基数 | 比例 | 扣除比例 | 应扣金额 | 应缴金额 |
| 所得税 | ★ 480 | 25% | | | 120.00 |

实缴合计（大写）壹佰贰拾元整　　　　　　　　　　　　¥120.00

| 备注：（缴款单位印章） | （税务机关章） | 上列款项已收托妥并划转收款单位账户。 |

（20）12月16日，售给大连市五金交电大楼汞灯8 000只，每只50元，钠灯2 000只，每只80元，代垫运费1 000元，增值税税率17%，已办妥托收手续。原始凭证：增值税专用发票、中国工商银行托收承付凭证、转账支票存根如下。

辽宁增值税专用发票
发票联

1011091666　　　　　　　　　　　　　　　　　　　No 1285676

开票日期：20××年12月16日

| 购货单位 | 名　称：大连市五金交电大楼
纳税人识别号：2112567456889567
地址、电话：大连市西岗区花园路6号
开户行及账号：工行西岗支行6452260003－88 | 密码区 | 7<3－9/≠3>90+9+77>5+≠加密版本：01
－158≠？+78？33<9－79834≠1100542140
20>94>415－2*0*9－844<2　　12971146
？46+*56>>2*++624+>>*6 |

货物或应税劳务	规格型号	单位	数量	单价	金额	税率	税额
汞灯	600W	只	8 000	50	400 000.00	17%	68 000.00
钠灯	500W	只	2 000	80	160 000.00	17%	27 200.00
合计					560 000.00		95 200.00

| 价税合计（大写） | 零佰陆拾伍万伍仟贰佰零拾元零角零分 | | （小写）　¥655 200.00 |

| 销货单位 | 名　称：洲山照明灯具股份有限公司
纳税人识别号：210710000082565
地址、电话：洲山市古树区工学里95号
开户行及账号：工商银行北连支
行 6222023306006856443 | 备注 | |

收款人：张芝华　　　　复核：张涛　　　　开票人：李刚　　　　销货单位：（章）

中国工商银行　托收承付凭证（贷方凭证）

委托日期：20××年12月16日　　　　　　　　　　No 20××1476

收款人	全　称	洲山照明灯具股份有限公司	付款人	全　称	大连市五金交电大楼
	账　号	6222023306006856443		账　号	6452260063－88－010
	开户银行	工商银行北连支行		开户银行	工行西岗支行

委托收款金额	人民币（大写）陆拾伍万陆仟贰佰元整	千 百 十 万 千 百 十 元 角 分 ¥ 6 5 6 3 0 0 0 0

附寄单据	4	商品发运情况	铁路货运	合同号码	CZ-009

备注：电划	本托收款项随附有关单证等件，请予办理托收 收款人盖章 20××年12月16日	科目（借） 对方科目（贷） 汇出行汇出日期　　年　月　日 复核　　记账

此联是银行给收款人的凭证

中国工商银行
转账支票存根（辽）
ⅥⅡ00112203
科　目　银行存款
对方科目　应收账款
出票日期　20××年12月16日

收款人	
金　额	¥1 000.00
用　途	代垫运费
备　注	

单位主管：　　　　会计：

（21）12月17日，以银行存款25 000元给鹏程广告公司支付本月销售产品广告费。原始凭证：广告业专用发票、转账支票存根如下。

辽宁省广告业专用发票
发票联

客户名称：洲山照明灯具股份有限公司　　　　20××年12月17日　　　　No 0076889

编号	商品名称	规格	单位	数量	单价	金额							
						十	万	千	百	十	元	角	分
	广告费						2	5	0	0	0	0	0
	小写金额合计					¥	2	5	0	0	0	0	0
大 写 金 额		零拾贰万伍仟零佰零拾零元零角零分											

开票单位（盖章有效）：鹏程广告公司　　　　　　　　开票人：程娜

```
中国工商银行
转账支票存根（辽）
ⅥⅡ　00112203
科　　目 _____
对方科目 _____
出票日期 20××年12月17日
┌─────────────────┐
│ 收款人            │
├─────────────────┤
│ 金　额　¥25 000.00 │
├─────────────────┤
│ 用　途　支付广告费  │
├─────────────────┤
│ 备　注            │
└─────────────────┘
单位主管：　　　会计：
```

（22）12月18日，报销办公室购买汽油费用5 200元。原始凭证：商品销售专用发票如下。

```
中国石油化工股份有限责任公司
辽宁石油分公司
销售商品专用发票
发 票 联

发票代码：11100011              发票号：2354
机打号：35671                   器编号：
收款单位：中石化黄山路加油站              税号：
开票日期：20××-12-10 13：05：11    收款员：王兴刚
付款单位（个人）：洲山照明灯具股份有限公司
    项目          单价        数量            金额
93号京标B汽油       6.5        800          5 200.00
小写合计：5 200.00
大写合计：伍仟贰佰元整
加油站编码：322568    班次号：    油枪号：005    电话：67899099
```

（23）12月30日，分配结转本月发出原材料的成本。原始凭证：领料单、发料凭证汇总表如下。

领 料 单

领料单位：基本生产车间　　　　　　　　　　　　　　　　　　编号：20××11201
用　途：生产汞灯用　　　　　　　20××年12月5日　　　　　　仓库：1号库

材料编号	材料名称及规格	计量单位	数 量		单　价	金　额
			请 领	实 发		
荧光粉	绿色	千克	40	40	400	16 000
石英管材	直径8—9mm	千克	250	250	40	10 000
合　计						26 000

领料人：张群　　　　　　　　仓库负责人：李权　　　　　　　保管员：吴莉

领　料　单

领料单位：基本生产车间

用　　途：生产钠灯用

20××年12月8日

编号：20××11202

仓库：1号库

材料编号	材料名称及规格	计量单位	数　量		单　价	金　额
			请领	实发		
荧光粉	白色	千克	10	10	400	4 000
石英管材	直径7—8mm	千克	2150	2150	40	86 000
合　计						90 000

领料人：张群　　　　　　　　仓库负责人：李权　　　　　　　　　保管员：吴莉

领　料　单

领料单位：生产车间

用　　途：生产车间修理用

20××年12月10日

编号：20××11203

仓库：2号库

材料编号	材料名称及规格	计量单位	数　量		单　价	金　额
			请领	实发		
石英管材	直径7—8mm	千克	150	150	40	6 000
合　计						6 000

领料人：张群　　　　　　　　仓库负责人：李权　　　　　　　　　保管员：吴莉

领　料　单

领料单位：行政部

用　　途：行政部修理用

20××年12月16日

编号：20××11204

仓库：3号库

材料编号	材料名称及规格	计量单位	数　量		单　价	金　额
			请领	实发		
铸铁		千克	150	150	20	3 000
合　计						

领料人：张群　　　　　　　　仓库负责人：李权　　　　　　　　　保管员：吴莉

领　料　单

领料单位：销售部

用　　途：销售部修理用

20××年12月20日

编号：20××11204

仓库：2号库

材料编号	材料名称及规格	计量单位	数　量		单　价	金　额
			请领	实发		
石英管材	直径8—9mm	千克	25	25	40	1 000
合　计						1 000

领料人：张群　　　　　　　　仓库负责人：李权　　　　　　　　　保管员：吴莉

发料凭证汇总表

应贷科目＼应借科目	基本生产成本		制造费用	管理费用	销售费用	合 计
	汞 灯	钠 灯				
原材料						
合 计						

（24）12月30日，预提本月使用供电公司电费10 000元，其中，车间生产产品耗用6 000度，行政管理部门耗用3 000度，销售部门耗用1 000度。原始凭证：外购电费分配表如下。

外购电费分配表

20××年12月30日

应借科目	分配标准（耗用量/度）	分配率（元/度）	分配金额
制造费用	6 000	1	6 000
管理费用	3 000	1	3 000
销售费用	1 000	1	1 000
合 计			10 000

（25）12月30日，以银行存款支付本月电费10 000元，增值税进项税额1 700元，原始凭证：增值税专用发票、委托收款凭证付款通知如下。

辽宁增值税专用发票

发 票 联

1011091666

N o 1285676

开票日期：20××年12月21日

购货单位	名 称：洲山照明灯具股份有限公司 纳税人识别号：210710000082565 地 址、电 话：洲山市古树区工学里95号 开户行及账号：工商银行北连支行6222023306006856443	密码区	略

货物或应税劳务	规格型号	单位	数量	单价	金额	税率	税额
电费					10 000	17%	1 700.00
合计					10 000		1 700.00

价税合计（大写）	壹万壹仟柒佰零拾元零角零分		￥11 700.

销货单位	名 称：洲山市供电局 纳税人识别号：210120888875865 地 址、电 话：洲山市解放路232号 开户行及账号：工商银行解放支行210120888875865	备注	结算方式：转账支付

收款人：张璐　　　　复核：李侠　　　　开票人：孙雨　　　　销货单位：（章）

委托收款凭证（付款通知）

委托日期：20××年12月30日　　　　　　　　　　　No 20××1486

付款人	全　称	洲山照明灯具股份有限公司	收款人	全　称	洲山市供电局
	账　号	6222023306006856443		账　号	210120888875865
	开户银行	工商银行北连支行		开户银行	洲山市解放路232号

委托收款金额	人民币（大写）壹万壹仟柒佰元整	千 百 十 万 千 百 十 元 角 分
		¥ 1 1 7 0 0 0 0 0

款项内容		委托收款凭据名称		附寄单证张数	

备注	电划	付款人注意： 1. 应于见票的当日通知开户银行划款。 2. 如需拒付，应在规定期限内，将拒付理由书并附债务证明退交开户银行。	中国工商银行洲山分行 北连支行 转讫

单位主管　　会计　　复核　　记账　　付款人开户银行收到日期　　　20××年12月30日

（26）12月30日，计提当月借款利息4 000元。原始凭证：借款利息计提表如下。

借款利息计提表

20××年12月　　　　　　　　　　　　　　　　　　单位：元

项目＼金额	当月应提额	已提额	累计
短期借款利息费用	4 000		4 000

（27）12月30日，收到工商银行北连支行支付的存款利息。原始凭证：存款利息凭证如下。

中国工商银行北连支行存款利息凭证

20××年12月31日

收款单位	账号	洲山照明灯具股份有限公司	付款单位	账号	220000111
	户名	6222023306006856443		户名	工商银行北连支行
	开户银行	工商银行北连支行		开户银行	工商银行北连支行
基数：20 000		利率：2.14%		利息428	
备注：20××年第四季度银行存款利息			科目 对方科目 复核员：　记账员：		

（28）12月30日，分配结转本月职工工资60 000元，其中，汞灯工人工资25 000元，钠灯工人工资20 000元，车间管理人员工资8 000元，行政管理人员工资4 000元，销售部门人员工资3 000元。原始凭证：工资费用分配汇总表如下。

工资费用汇总分配表

单位名称：洲山照明灯具股份有限公司　　20××年12月30日　　　　　金额单位：元

车间、部门	应借科目	应分配金额
车间生产工人——生产汞灯工人 　　　　　　——生产钠灯工人	生产成本——汞灯 　　　　——钠灯	25 000 20 000
车间管理人员	制造费用	8 000
行政管理人员	管理费用	4 000
销售部门人员	销售费用	3 000
合　　计		60 000

单位主管：刘冬晨　　　　财务主管：冯晓丹　　　　复核：宋丽　　　　制单：李海蓝

（29）12月30日，根据应付职工薪酬总额计提养老保险、医疗保险和失业保险。原始凭证：养老、医疗和失业保险计提表如下。

养老、医疗和失业保险计提表

单位名称：洲山照明灯具股份有限公司　　20××年12月30日　　　　　金额单位：元

应借科目		计提依据	养老保险 （计提比例20%）	医疗保险 （计提比例6%）	失业保险 （计提比例2%）
生产成本	汞灯	25 000	5 000	1 500	500
	钠灯	20 000	4 000	1 200	400
	小计	45 000	9 000	2 700	900
制造费用		8 000	1 600	480	160
管理费用		4 000	800	240	80
销售费用		3 000	600	180	60
合计		60 000	12 000	3 600	120

单位主管：刘冬晨　　　　财务主管：冯晓丹　　　　复核：宋丽　　　　制单：李海蓝

（30）12月30日，根据应付职工薪酬总额的2%计提工会经费。原始凭证：工会经费计提表如下。

工会经费计提表

计提项目	计提基数	计提比例	计提金额
工会经费			

财务主管：冯晓丹　　　　　　复核：王青军　　　　　　制单：王颖

（31）根据应付职工薪酬总额的2.5%计提职工教育经费。原始凭证：职工教育经费计提表如下。

职工教育经费计提表

计提项目	计提基数	计提比例	计提金额
教育经费		2.5%	

（32）12月30日，发放工资。原始凭证：工资结算汇总表如下。

1 月份工资明细表

编号	职工姓名	应付工资						代扣款项				实发工资	签字
		基础工资	计件工资	奖金	津贴	…	应付工资	养老保险（8%）	医疗保险（2%）	失业保险（1%）	住房公积金（8%）		
1	刘冬晨	1 020		400		…	1 600	128	32	16	128	1 296	刘冬晨
2	李海蓝	1 060	100	200		…	1 800	144	16	8	144	1 488	李海蓝
3	于思洋	860	500			…	1 500	120	10	5	120	1 245	于思洋
4	冯晓丹	960	200			…	1 600	128	32	16	128	1 496	冯晓丹
5	张玫	830		120		…	1 600	128	32	16	128	1 296	张玫
6	周国军	950	500	200		…	2 000	160	40	20	160	1 620	周国军
…						…	…	…	…	…	…	…	…
合计							66 800	168 00				60 000	

（33）12 月 30 日，计提本月固定资产折旧 12 500 元，其中车间 7 500 元，行政部 3 000 元，销售部 2 000 元。原始凭证：固定资产折旧汇总表、固定资产折旧分配表如下。

固定资产折旧汇总表

车间、部门	上月计提折旧额	上月增加折旧额	上月减少折旧额	本月应提折旧额
生产车间厂房	略	略	略	5 000
生产车间设备	略	略	略	2 500
行政管理部门房屋	略	略	略	2 000
行政管理部门轿车	略	略	略	1 000
销售部门房屋	略	略	略	300
销售部门货车	略	略	略	1 700
合 计				12 500

固定资产折旧分配表

项目 / 使用部门	生产车间	行政管理部门	销售部门	合计
折旧费	7 500	3 000	2 000	12 500

（34）12 月 30 日，根据汞灯、钠灯生产工时比例分配本月发生的制造费用（汞灯 6 000 小时，钠灯 4 000 小时）；原始凭证：制造费用分配表如下。

制造费用分配表

产品名称	分配标准/工时	分配率	分配金额
汞灯	6 000		
钠灯	4 000		
合计			

（35）12 月 30 日，本月投产的汞灯 2 000 只和钠灯 2 000 只全部完工，结转其生产成本。原始凭证：完工产品成本计算表如下。

完工产品成本计算表

成本项目	产品名称：汞灯 产量：2 000 只		产品名称：钠灯 产量：2 000 只		合　计
	总成本	单位成本	总成本	单位成本	
直接材料					
直接人工					
制造费用					
合　计					

（36）12 月 30 日，结转本月销售汞灯 9 100 只的销售成本 285 015 元，销售钠灯 2 100 只的销售成本 114 624 元（发出产品成本按加权平均法计算）。原始凭证：销售成本计算表如下。

销售成本计算表

产品名称	销售数量	单位成本	销售成本
汞灯			
钠灯			
合　计			

（37）12 月 30 日，摊销应由本月负担的报纸杂志费和财产保险费。原始凭证：待摊费用摊销表如下。

待摊费用摊销表

费用项目	本月摊销额
报纸杂志费	20
财产保险费	300
合　计	320

制表：李海蓝　　　　　　　财务主管：冯晓丹

（38）12 月 30 日，以银行存款 4 040 元预付下一年度的财产保险费。原始凭证：转账支票存根，中国人民保险公司保险费、代扣印花税收据如下。

中国工商银行
转账支票存根（辽）
Ⅵ Ⅱ Ⅶ Ⅱ　12015354
科　目　银行存款
对方科目
出票日期　20××年12月30日

收款人：中国人民保险公司
金　额：4 040.00
用　途：支付保险费
备　注

单位主管：刘冬晨　　财务主管：冯晓丹

中国人民保险公司保险费、代扣印花税收据

今收到洲山照明灯具股份有限公司交纳20××年度财产保险费4 000元
并代扣印花税40.00元
总计人民币肆仟零肆拾元整　　　　　　¥ 4 040

会计：吴桐　　　　复核：黄力　　　　经办人：刘海　　　　记账：

（39）12月30日，申请钠灯改进专利，以转账支票付款1 000元。原始凭证：技术贸易专用发票、转账支票存根如下。

沈阳市技术贸易专用发票

发票联　　　　　　　　　　　　　　　　　　　　　　No：008

付款单位：洲山照明灯具股份有限公司　　　　　　开票日期：20××年12月16日

合同项目名称			钠灯改进专利							
合同类别	合同类别		支付方式	技术贸易额	合同成交额					
					十	万	千	百	十	元	角
技术类			转账				¥	1	0	0	0	0
大写金额			壹仟元整							

收款单位：国家知识产权局洲山专利代办处　　　收款人：吴洁　　　复核人：　　　制票人：王悦

```
中国建设银行
转账支票存根（辽）
VIⅡ　105016759
科　　目　银行存款
对方科目
出票日期　20××年12月30日

收款人：专利局

金　　额：1 000.00

用　　途：付申请专利费

备　　注

单位主管：　　　　会计：
```

（40）12月30日，计算本月应缴纳的城建税及教育费附加。原始凭证：应交城建税及教育费附加计算表如下。

应交城建税及教育费附加计算表

20××年12月30日

项　　目	计税依据	计税金额	适用税（费）率	应交税费金额	备　　注
城建税	应交增值税		7%		
教育费附加	应交增值税		3%		
合　计					

财务主管：冯晓丹　　　　复核：周琪　　　　制表人：李海蓝

（41）12 月 30 日，收到职工吴月交来的罚款 300 元。原始凭证：收据如下。

收　据

20×× 年 12 月 30 日

No：09900

今收到	吴月				
人民币（大写）叁佰元整				￥300.00	
事由：违章操作		现金：√			
		支票：			
收款单位	洲山照明灯具股份有限公司	财务主管	冯晓丹	收款人	张芝华

第二联　记账

（42）12 月 30 日，企业进行现金盘点，根据盘点结果填写了报告表。原始凭证：现金盘点报告表如下。

现金盘点报告表

单位名称：洲山照明灯具股份有限公司　　　20×× 年 12 月 30 日　　　金额单位：元

实存金额	账存金额	实存与账存对比		备　注
		溢　余	短　缺	
890	900		10	原因待查

盘点人签章：张权　　　　　　　　　　　　　　　　　　出纳员签章：张芝华

（43）上述短缺现金后查明原因为出纳员少收，经批示，由出纳员赔偿。原始凭证：财产清查盘亏（盈）处理通知单、收据如下。

财产清查盘亏（盈）处理通知单

现金清查中发现现金短缺 10 元。经审查确认，是出纳员张芝华工作失职造成的，由张芝华负责赔偿。
总经理：张涛　　　　　　　　　　　　　　　　　　　　财务主管：冯晓丹
20×× 年 12 月 30 日

收　据

20×× 年 12 月 30 日

今收到：张芝华				
人民币（大写）拾元整　　￥10.00				
		现金：√		
事由：张芝华赔偿现金短款		支票		

第二联　记账

（44）12 月 31 日，将收入、支出账户转入"本年利润"账户。原始凭证：内部转账单如下。

洲山照明灯具公司内部转账单

20××年12月31日   转号

摘　　要	金　　额
主营业务收入转入"本年利润"	
营业外收入转入"本年利润"	
其他业务收入转入"本年利润"	
合　　计	

财务主管：冯晓丹　　　　　　　复核：宋丽　　　　　　　制表人：李海蓝

（45）12月31日，支出账户转入"本年利润"账户。原始凭证：内部转账单如下。

洲山照明灯具公司内部转账单

20××年12月31日   转号

摘　　要	金　　额
主营业务成本转入"本年利润"	
营业税金及附加转入"本年利润"	
销售费用转入"本年利润"	
营业外支出转入"本年利润"	
管理费用转入"本年利润"	
财务费用转入"本年利润"	
合　　计	

财务主管：冯晓丹　　　　　　　复核：宋丽　　　　　　　制表人：李海蓝

（46）12月31日，按规定计算全年应缴企业所得税。原始凭证：应缴所得税计算表如下。

应缴所得税计算表

企业名称：洲山照明灯具股份有限公司　　20××年12月31日　　　　　单位：元

项　　目		金　　额
本年实现利润		
企业所得税纳税调增项目		
企业所得税纳税调减项目		
应纳税所得额		
所得税税率		25%
应缴所得税		

财务主管：冯晓丹　　　　　　　复核：宋丽　　　　　　　制表人：李海蓝

（47）12月31日，按税后利润的10%提取法定盈余公积，按5%计提任意盈余公积，按40%分配股利。原始凭证：股东大会决议书、法定盈余公积金计提表如下。

洲山照明灯具股份有限公司
股东大会决议书

股东大会决定，本公司20××年按净利润的10%与5%计提法定盈余公积与任意盈余公积，按40%分配股利。

洲山照明灯具股份有限公司
董事长：于桐

20××年12月31日

税后利润分配计算表

税前利润总额	所得税费用	计提基数	法定盈余公积		任意盈余公积		应付股利
			计提比例10%	计提额5%	计提比例	计提额	分配比例

（48）12月31日，结转利润分配各明细账。

参 考 文 献

［1］中华人民共和国财政部．企业会计准则．北京：经济科学出版社，2006.
［2］中华人民共和国财政部．企业会计准则：应用指南．北京：中国财政经济出版社，2006.
［3］邬展霞．基础会计模拟实训教程．上海：上海财经大学出版社，2009.
［4］汤健．会计综合实验教程：会计核算、财务分析与审计．北京：中国人民大学出版社，2008.
［5］侯迎新，孙志浩．基础会计实训教程．北京：北京交通大学出版社，2010.
［6］付磊．基础会计．北京：中央广播电视大学出版社，2009.
［7］赵丽生．会计模拟实训．北京：经济科学出版社，2007.
［8］隋静，孟爱仙．会计实务模拟教程．北京：北京交通大学出版社，2010.